당신은 좋은 목회자입니다

당신은 좋은 목회자입니다

달콤 사역자 학교

김용재 지음

당신은 좋은 목회자입니다

초판 1쇄 인쇄 • 2016년 8월 29일
초판 1쇄 발행 • 2016년 9월 2일

지은이 • 김용재
펴낸이 • 신은철
펴낸곳 • 좋은씨앗
출판등록 • 제4-385호(1999. 12. 21)
주소 • 서울시 서초구 바우뫼로 156, MJ 빌딩 402호
영업부 • TEL 2057-3041 FAX 2057-3042
페이스북 • www.facebook/goodseedbook

ISBN 978-89-5874-266-1 03230

신저작권법에 따라 보호받는 저작물이므로 무단 전재와 복제를 금합니다.

CONTENTS

들어가는 말 • "후배들이 물으면 왜 잘 모른다고 하세요?"   7
서문 • 자기다운 목회 디자인하기   13
1장 • 나의 목회 철학 탐색   23
2장 • 공동체의 토양 가꾸기   57
3장 • 동역자 관계 가꾸기   91
4장 • 회중이 살고 있는 삶의 자리   123
5장 • 성경적 메시지   143
6장 • 공동체의 내적 구조 이해   167
7장 • 공동체의 외적 구조 이해   183
나오는 말 • 각자의 자리에서 자기답게 버티기   195

부록
1. 가정과 힐링을 돕는 부모 교육   199
2. 학교와 함께 다음세대를 섬기는 교회교육의 가능성   214
3. 숲속샘터교회의 성숙한 그리스도인의 표상   221

| 들어가는 말 |

"후배들이 물으면 왜 잘 모른다고 하세요?"

소망교회에서 청소년 팀에 소속되어 열심히 살아가던 어느 날 오후에 전화를 한 통 받았다. "서울에 올라올 기회가 별로 없는데 올라온 김에 한번 뵐 수 있을까요?" 전화기 너머의 음성이 조심스럽고 차분했다. 거절할 수 없었다. 그렇게 나는 사무실에 찾아온 낯선 청년과 마주앉아 차를 마시게 되었다. 그는 자신을 지방의 건강한 중형 교회에서 청소년 사역을 하는 전도사라고 소개했다. 열정이 느껴졌다.

    그가 내게 "청소년 사역을 어떻게 해야 하나요?"라고 물었다. 나는 "청소년 사역이… 뭐랄까… 그러니까… 뭐라고 딱 얘기하기가 좀 그래요. 저도 잘 모르겠어요"라고 말했다. 그러면 그가 "그렇죠. 역시 그냥 열심히 하는 거죠. 그러면 선배님들처럼 잘 쓰임받겠죠"라고 대답할 줄 알았다. 그런데 그는 탁자 위 찻잔을 바라보며 이렇게 말했다.

"선배님들은 잘하시면서 후배들이 물으면 왜 다 잘 모른다고 하세요?"

그는 길을 찾다가 지친 사람 같았다. 문을 열다 갇힌 사람 같았다. 잘해보고 싶어서 애를 쓰는데 아무도 돌봐주지 않아서 서운함이 가득 찬 것처럼 보였다. 성능 좋은 헤드폰으로 음악 감상을 하다가 허기진 아이의 울음소리를 듣지 못한 아버지가 된 느낌이 들었다. 잘못한 것은 아닌데 잘못한 것 같았다. 내가…. 그 젊은 후배가 떠난 후로도 오랫동안 그 느낌이 꼬리에 꼬리를 물었다. 사역의 정답은 모르지만 길을 찾는 후배들에게 "나도 잘 몰라"라는 말 대신에 "이렇게 하면 어떨까 싶은데…"라고 말했어야 하는 게 아니었을까? 그런데 내가 그런 말을 해줄 만한 사람인가? 아무래도 자신이 없었다.

그러던 어느 날, 하나님께서 준비시키신 것들이 하나씩 떠오르기 시작했다. 신학대학원 졸업을 앞두고 내가 자라난 장석교회의 담임이신 이용남 목사님의 추천을 받아 'NECTAR'라는 단체의 청소년 학원 선교사로 파송받았다. 주중에는 학교를 방문하여 기독 교사를 도와 학생들을 전도하고 양육하는 일을 했다. 주일에는 회원 교회와 지역 교회들을 방문했다. 5년 동안 약 100여 개의 교회를 탐방하면서 어른 예배와 청소년 예배를 드렸다. 예배 후에는 교역자, 교사, 그리고 학생들과 대화하는 시간도 가졌다. 예배 분위기, 설교 내용, 목회자의 태도, 교인들의 표정, 주보 구성, 다양한 행사, 현수막 문구, 예배당 구조 등을 통해 교회마다 담임 목회자의 목회 철학에 따라 공동체의 토양이 가꾸어지고, 그 안에서 사람들이 자라난다는 사실을 보고 배웠다.

'NECTAR'에서 경험한 것들 덕분에 소망교회 교육부에 소속되어 청소년 사역을 시작할 때, 나는 자연스럽게 '담임 목사의 목회 철학과 소망교회의 토양에 어울리는 청소년부 목회 구조와 신앙 교육 내용 및 방법을 마련하는 것'에 온통 관심을 갖게 되었다. 이를 위해 김지철 목사님의 목회 철학을 공부해야만 했고, 곽선희 목사님의 목회 철학에 기초한 소망교회의 토양에 대해서도 연구해야만 했다. 아울러 청소년 사역 관련 서적을 읽고, 목회자들과 토론하고, 궁금한 내용을 정리하고, 관련된 교회와 연구 기관 그리고 사역 현장을 두루 찾아다녔다. 그렇게 또 5년이 흐른 뒤, 나는 담임 목회자의 목회 철학과 교회 공동체의 토양에 어울리는 청소년부 목회 구조와 신앙 교육 내용 및 방법에 대한 연구를 마무리할 수 있었다.

연구를 진행하는 가운데 담임 목사와 교육 목사에게 내용을 수시로 보고했다. 모든 과정은 교회의 지원과 관심 안에서 이루어졌다. 그래서 진행 과정과 결과물들을 청소년 팀 내 다섯 개 부서의 부장과 부감 그리고 모든 교사와 공유할 수 있었다. 나중에는 학생과 학부모와도 내용을 공유했다. 청소년 팀에 소속된 대부분의 사람들, 즉 목회자, 교사, 부모, 학생들은 소망교회 담임 목사의 목회 철학과 교육 목사의 교육 철학, 청소년부의 방향성과 그에 따른 교육 목표, 내용, 방법 등을 이해하게 되었다.

나는 그동안의 과정을 정리했다. 혹시라도 찾아올 후배들에게 들려줄 이야기를 마련하기 위해서였다. 뭔가 일을 많이 한 것 같았는데 정리한 내용은 A4 용지 두 장으로 충분했다. 그런데 그것이 곧 네 장이 되고 열 장이 되었다. 나의 어설픈 설명을 들은 사람들이 "지금 말씀하신 그 부분을 좀 더 구체적으로 설명해 주실 수 있나요?", "이에 대한 실례를 들어주실 수 있나요?"라고 질문했고, 나는 답변을 찾는 과정에서 더 구체적으로 공부할 수 있었다. 그러면서 정리한 분량이 자연스럽게 늘어났다.

현재 '다.세.연.'의 교회교육 연구실에서 운영하는 '달꼼 사역자 학교'(8주간)의 교재는 바로 그때 정리한 내용이 토대가 되었다. 지금까지 달꼼학교는 9기까지 진행되었다. 그동안 200여 명의 사역자들이 참여했다. 같은 과정이 한국과 중국의 일부 신학교에서도 진행되었고, 그 과정에 참여한 학생들도 600여 명이 넘는다.

처음에는 청소년부 담당 교역자들이 주로 참여하다가 점차 아동부, 유아·유치부 그리고 청년부 담당 교역자들도 참여했다. 달꼼학교를 진행하면서 이 과정이 목회 방법적인 조언을 넘어 본질적인 부분을 점검하는 계기가 되고 있다는 사실을 감지했다. 나중에는 교구를 담당하는 부교역자들도 참여했다. 심지어 담임 목회자들의 모임에서 이 과정을 요청한 경우도 있었다. 거기에 참가한 어느 담임 목회자는 우리를 자신의 교회로 초대하고 싶어 했다. 우리는 그 교회에 방문하여 담임목사, 교구 담당 부교역자, 다음세대 담당 목회자들과 함께 이 과정을 진행했다. 참가한 목회자들은 대부분 그동안 함께 고민하고 싶었던 교회와 교회교육에 대한 주제들을 깊이 토론할 수 있어 보람이 있었다고 평가했다.

이 책은 앞에서 설명한 과정을 통해 나왔다. 교회 안에서 담임 목회자의 목회 철학과 교회의 토양에 어울리는 청소년 사역을 탐색하는 과정을 담고 있다. 그러면서도 목회자라면 반드시 생각하고 정리해야 할, 자신의 목회 철학을 돕는 많은 질문들과 그에 대한 힌트들도 담고 있다. 이 책은 혼자 읽어도 좋고, 동기 목회자들이나 같은 교회에서 동역하는 목회자들과 함께 읽어도 좋다.

물론 나는 이 내용을 교재로 삼아서 진행한 '달꼼 사역자 학교'가 아홉 번 진행되는 동안 계속해서 그 내용을 수정했다. 매번 보완할 점이 보이고 어설픈 내용이 눈에 띄었다. 지금도 그렇다. 또 수정할 내용이 보인다. 이 책은 완벽하지 않다. 동시대를 살아가는 동역자로서 함께 고민할 질문을 담고 있는 자료집 정도로 보면 좋겠다.

| 서문 |

자기다운 목회 디자인하기

"우리나라 교회들 어떻게 하면 좋아요?"

교회에 애정을 가지고 있는 교우들을 만나면 안타까운 심정으로 하는 말이다. 개신교인은 대략 800만 명 정도로 추정된다. 그중에 100만 이상은 교회 공동체에 소속되어 있지 않다. 이른바 '가나안 교인'(교회에 다니지 않는 교인)이다. 6만 8천 개의 교회 중에서 1만 개는 이름만 있을 뿐 목회자가 없거나 교우가 없거나 예배 장소가 없다. 5만 8천 개 교회 중 90퍼센트는 교우가 100명 이하이다. 85퍼센트인 5만 개의 교회는 교우가 50명 이하이다. 이는 어린이와 어른을 합한 숫자이다. 그렇다면 우리나라 교회의 대부분은 어른 교우가 10-20명이라는 소리다. 사실 그 이하의 교회가 더 많다. 그만큼 교회의 생존과 목회자의 생계가 어려운 실정이다.

교회마다 다음세대 숫자가 줄어든다고 근심이다. 교단마다 차이가 있겠지만, 통계에 의하면 최근에 15-30퍼센트 정도가 감소한 것으로 추정된다. 현장에서 체감하는 감소폭은 더 심해서 50퍼센트, 절반이 줄어든 느낌이다. 격주 혹은 한 달에 한두 번만 교회에 나오는 아이들이 전보다 훨씬 많아졌다. "교회 안 가면 용돈 없는 줄 알아"라는 부모의 으름장이 통하지 않는다. "분반공부 시간에라도 들러"라는 교사의 애걸도 안 먹힌다. 신앙의 대 잇기에 실패한 어른들은 그저 속상할 뿐이다. 한 조사에 의하면 2013년 말, 중고등학생 중에서 교회에 출석하는 아이들의 비율이 2.8퍼센트이다. 대학생은 4.5퍼센트이다. 최근에는 더 줄어들어 대학생 3.5퍼센트, 청소년 2.5퍼센트, 어린이 2퍼센트로 추정된다.

다음세대가 급격히 감소하는 이유는 무엇인가? 목회자, 교우, 교회, 기독교 연합 단체들의 모습에 실망한 시민들이 교회에 등을 돌리고 있다. 교회에 관심이 없고, 교회를 방문할 마음도 없다. 교회에 실망하기는 교우들도 마찬가지이다. 버겁게 건축한 교회 건물과 전통적 논의 구조 속에서 답답함을 느낀다. 손가락 사이로 모래가 줄줄 새듯 교회에서 젊은 세대가 빠져나가고 있다. 그런 현상은 특히 30-40대에서 두드러진다. 그들의 자녀인 유아부, 유치부, 어린이부, 청소년부 아이들도 덩달아 빠져나가고 있다.

"우리 목사님 어떻게 하면 좋아요?"

요즘 교우들은 목회자를 걱정한다. 목회자를 안쓰럽게 본다. 목회 여건이 달라져서 교회 운영이 어렵기 때문이란다. 과거에 비해 교우들은 자신의 의견을 더 자유롭게 표현한다. 사안별로 목회자의 솔직한 의견을 듣고 싶어 한다. 목회자는 자신의 의견을 정직하게 표현하면서도 다양한 교우들의 마음과 생각을 아울러야 한다. 교회의 도덕성과 책임에 대한 사회적 요구에도 응해야 한다. 재정의 어려움도 극복해야 한다. 사실 재정 문제가 가장 심각하다. 우리나라 대부분의 목회자들은 생계 문제에서 자유롭지 못하다. 그러니 교회와 목회자에게 애정이 깊은 교우들은 걱정이 많다.

요즘은 과거에 비해 목회자의 권위가 절대적으로 존중받지 못한다. 그나마 신사적인 사람은 "목사님이 말하는 진리를 직접 삶으로 보여 주세요"라고 요구한다. 감성적인 사람은 "목사님이 말하는 진리로 저를 감동시켜 보세요. 마음이 움직이면 관심을 가져 볼게요"라고 말한다. 주로 30-40대가 그렇게 말한다. 그런가 하면 목회자 입장에서는 당황스럽지만 대개는 이렇게 말하는 사람이 많다. "아! 그게 당신이 말하는 진리인가요? 저한테는 강요하지 마세요." 30대 이하는 거의 이런 의식을 가지고 있다.

나는 지금 LA 한인타운에 위치한 지인의 집 2층 복도 끝 방에서 이 글을 수정하고 있다. '시차가 내게 적응해 준 덕분에' 새벽에 일어나 조용히 글을 쓰고 있다. 어제는 10시간 남짓 비행기로 이동했다. 비행기를 탈 때마다 '비교적 깨끗하다, 음식이 맛있다, 승무원이 친절하다, 애

쓴다…'라고 느낀다.

어느 날 이런 상상을 했다. '비행기 엔진이 자주 고장 난다면, 수리를 해도 소용없다면, 너무 오래되어 낡았다면 어떻게 될까?' 모 항공사 모 비행기가 언제 비행을 멈출지 모른다는 소문이 난다면 어떻게 되겠는가? 당연히 사람들은 그 비행기에 타려 하지 않을 것이다. 그러면 항공사에서는 조치를 취할 것이다. 기장과 승무원 교육을 다시 실시하고, 좌석 배치를 더 편하게 하고, 실내를 청결하게 하고, 기내식을 고급화하고, 항공료를 낮게 책정하고, 대대적으로 홍보할 것이다. 그렇다면 사람들이 다시 그 비행기를 타려고 할까? 그렇지 않다. 왜 그럴까? 그렇다! 문제의 원인인 엔진을 교체하지 않았기 때문이다.

오늘날 같은 일이 교회에서 벌어지고 있다. 현대인들이 잘 받아들일 수 있도록 설교 준비를 더 많이 한다. 말씀을 자연스럽게 전달하기 위해 연습도 더 많이 한다. 현대인의 필요에 도움이 되도록 복음을 재해석한 성경공부반을 더 열심히 운영한다. 치솟는 스트레스를 해소하고 정서적 안정을 선사할 수 있는 다양한 프로그램을 마련한다. 건물 외관을 새롭게 하고 내부 공간을 더 편안하게 꾸민다. 그런데도 교회를 찾는 사람들이 현격히 줄어들고 있다. 기존의 교우들조차 교회를 떠나고 있다. 왜 그럴까?

이제 가장 중요한 것을 점검할 시점이 되었다. 교회를 교회 되게 하는 동력이 무엇인지 알고, 교회 공동체는 예수 그리스도의 몸이고 교회의 주인은 예수 그리스도라는 진리를 다시 확인하고 인정해야 할 시점이 되었다. 목회자는 주님의 몸인 교회 공동체를 위해 심부름꾼으로 부름받은 존재라는 사실을 다시 한 번 정립해야 할 때이다.

"그냥 가만히 놔두는 게 제일 좋아요."

교회 근처의 의류 매장 사장에게 물었다. "사장님, 우리 교회에 20평 정도 되는 공간이 비어 있는데요. 거기를 어떻게 꾸미면 상인들이 편히 쉴 수 있는 공간이 될까요?" 사장은 이렇게 대답했다. "목사님, 우린 그냥 가만히 놔두는 게 제일 좋아요. 어디에 오라 가라 하는 게 제일 귀찮아요." 아, 전도하는 게 결코 쉽지 않다. 길이 아주 꽉 막힌 것만 같다.

교회는 예수님의 몸이다. 우리 동네에 자리 잡은 교회를 예수님이라고 상상해 보자. 예수님은 아래 상가에서 장사하는 사장 아주머니와 점원 아주머니를 어떻게 대하실까? 지하실 노래방 청년 사장과 위층 가죽옷 만드는 사장을 어떻게 대하실까? 건너편 보신탕집 주인 아주머니, 뒷골목 보리밥집 아주머니, 시장통 분식집 아저씨, 커피 대회에서 우승한 후 약간은 들떠서 다니는 젊은 카페 사장, 좋은 재료로 빵을 만들어 파는 젊은 부부를 어떻게 대하실까? 반갑게 인사하고 이야기 나누고 기회가 되면 깊은 대화를 통해 마음과 생각을 나누며 우정을 가꾸어 가지 않으실까? 하나님의 사랑을 알고, 삶의 의미를 이해하며, 고단한 일상을 아름답게 가꾸어 갈 수 있는 길을 안내하실 것이다. "내가 곧 길이요 진리요 생명이니…"(요 14:6).

우리는 종종 주민들을 교회에 데려가야 하는 존재, 즉 전도 대상자로 본다. 좋은 의도를 가지고 그들을 대하지만 그 의도는 상대방에게 도리어 부담이 된다. 보험을 소개하거나 스마트폰 교체를 제안하는 전화를 받아본 적이 있는가? 그때 어떤 생각이나 느낌이 드는가? '내 건강을 정말 걱정하는구나!' 혹은 '내 통화의 질에 관심이 참 많구나!'라고 여겨지던가? 진정으로 하나님의 은혜와 사랑을 나누고 싶다면, 주민들을 전도할 대상이 아니라 우정을 나눌 대상으로 바라보아야 한다. 새로운 접근이 필요하다. 지금까지 생각지 못했던 모든 방식을 시도해야 한다. 주민들을 만나고 관계를 맺고 우정을 가꾸어 갈 수 있는 모든 통로를 탐색해야 한다.

"제 영혼과 생활에 정말 관심이 있으신가요?"

전도 프로그램을 상당히 잘 운영하는 교회에 출석하는 한 집사님이 교구 담당 목회자에게 한 말이다. "목사님, 제가 데려올 사람들에게 관심이 많으시죠? 혹시 제 영혼과 생활에도 관심이 있으신가요?" 당신이라면 뭐라고 대답하겠는가? "좀 예민하신 거 같네요"라고 말하겠는가, 아니면 "교회 일 하려면 그 정도는 서로 이해해야죠"라고 말하겠는가?

친구들을 교회에 잘 초대하는 한 청소년이 있었다. 그 아이가 전도한 친구가 교회에 결석하면 교사는 그 아이에게 묻곤 했다. "○○가 안 보이네. 어디 갔어?" 어느 날 그 아이는 교사에게 이렇게 말했다. "선생님은 제 친구들한테만 관심이 있으신 것 같아요. 아니, 제가 친구를 데려오는 일에만 관심이 있으신 것 같아요. 왜 저한테는 관심을 갖지 않으세요?"

특정 교회와 사람의 잘잘못을 따지려는 것이 아니다. 그저 현실을 이야기하는 것이다. 목회자가 자신을 기능적으로 대한다고 느끼는 교우들이 있다. 목회자가 제시한 목표를 이루기 위해 자신이 동원되고 있다고 느끼는 교우들이 있다. 그거야 교우들의 주관적인 느낌이라고 치자. 그렇다면 정작 목회자인 우리는 어떠한가? 우리는 교우를 교회에 동원된 군중으로 보는가, 아니면 주님의 몸을 이루는 유기체적 존재로 보는가?

많은 목회자들이 교회 공동체를 빠져나가는 교우를 바라보면서 안타까워한다. "자꾸 줄어들어서 어쩌지?" "다시 불러오려면 어떻게 해야 하지?" 모일 때마다 얘기하고 혼자 있을 때에도 고민한다. 그런데 교우를 주님의 몸을 이루는 유기체적 존재로 본다면, 떠나는 자보다는 남은 자에게 관심을 더 갖는 것이 자연스럽지 않겠는가? "이들은 왜 이곳에 남아 있을까?" "이곳이 뭐가 좋은 거지?" 몇 명이 남았든 규모와 관계없이 남은 자들이 주님의 몸이다. 주님께서 주님의 몸으로 무슨 일을 하실지, 나는 어떤 심부름을 할 수 있을지, 우리가 지금 이곳에서 계속할 수 있는 일은 무엇인지 남은 자들과 함께 이야기를 시작해야 하지 않겠는가?

자기다움에 대한 탐색

하나님께서는 교우들이 주민들과 관계를 맺고 우정을 가꾸며 일상 가운데 임한 하나님나라를 발견하도록 인도하신다. 하나님께서 주도적으로 일하시는 자리에서 목회자는 심부름꾼 노릇을 한다. 교우들도 목회자를 따라서 하나님나라의 심부름꾼이 된다.

목회자가 심부름꾼 노릇을 잘하려면 겸손해야 한다. 겸손의 다른 이름은 '자기다움'이다. 자기다움을 탐색하는 목회자는 하워드 스티븐슨의 이야기를 들을 필요가 있다. 그는 탁월한 지성과 온화한 성품을 겸비한 참 좋은 스승이다. 그에게 특별한 일이 있었다.

스티븐슨은 학교 안에서 인적이 드문 길을 따라 산책하기를 좋아했다. 그날도 산책로를 따라 걷고 있었다. 그러다 갑자기 정신을 잃고 쓰러졌다. 그대로 있으면 생명을 잃을 수밖에 없는 상황이었다. 하늘이 도운 것일까? 마침 그 길을 지나던 제3세계 유학생의 도움으로 그는 응급처치를 받을 수 있었다. 생명을 건진 스티븐슨은 약 6개월 동안 힘겨운 회복의 시간을 보냈다. 생사를 넘나드는 과정 속에서 깨달은 인생살이의 지혜를 정리한 내용이 『하워드의 선물』(위즈덤하우스)이다. 그 책에서 그가 말하는 '균형'이 가장 인상적이었다.

그동안 나는 균형을 '양쪽에 같거나 비슷한 무게의 무언가를 든 채 흔들리지 않고 서 있는 상태'라고 생각했다. 그래서 균형 잡기를 아주 힘든 일로 생각했다. 흔들리면 안 되니까, 흔들리기 싫으니까. 흔들리는 내가 싫었다. 균형 감각을 잃은 것 같았기 때문이다. 그런데 하워드는 균형이란 "7개의 곤봉을 저글링하면서 외줄을 건너는 상태"라고 설명한다. 그가 말하는 건강한 사람이란 끊임없이 흔들리며 조금씩 전진하는 사람이다. 한 치의 흔들림도 허락지 않는 완벽함을 추구하는 순간 그는 모든 것을 떨어뜨리고 말 것이다. 그렇게 두루두루 적절하게 살피며 온전함을 추구하는 것이 균형이라는 것이다.

건강한 사람은 균형을 유지하면서 자기다워진다. 외부의 변수와 내면의 혼란 속에서 흔들리면서도 조금씩 앞으로 나아가는 것을 멈추지 않는다. 손에 들고 있던 것을 떨어뜨리고, 심지어 자신이 땅에 떨어질 때도 있을 것이다. 하지만 다시 주어 들고, 다시 기어올라가 가던 길을 가면 된다. 이 과정을 통해 우리는 '자기다움'을 탐색한다.

하나님께서 우리에게 물어보신다. "너는 너답게 살고 있니?" "너는 너답게 목회하고 있니?" 질문의 의미는 이것이다. "당신은 하나님께서 당신을 대하시는 것처럼 사람들을 대하려고 애쓰고 있는가?" "당신은 하나님께서 당신의 삶의 문제를 다루시는 것처럼 일을 처리하기 위해 애쓰고 있는가?" 또 이런 의미도 있다. "당신은 큰 성과를 내서 사람들에게 인정받고 싶은 조급한 욕심을 어떻게 관리하며 살고 있는가?" "당신은 주변 사람보다 더 인정받기 위해 과도하게 경쟁하고 당신답지 않은 것을 흉내내느라 에너지를 낭비하는 실수를 반복하지 않기 위해 어떤 일을 하고 있는가?"

이제 우리는 자기다운 목회를 디자인하는 데 필요한 7가지 요소를 차례로 살펴볼 것이다. 목회 철학, 공동체의 토양, 동역자 관계, 회중의 삶의 자리, 성경적 메시지, 공동체의 내적 구조 및 외적 구조가 그것이다. 이 7가지 요소를 살펴보면서 끊임없이 질문할 것이다. 질문을 받을 때마다 내면에 숨겨진 오래된 보화를 찾아가는 기쁨을 누리게 되기를 기대한다.

1장. 나의 목회 철학 탐색

목회 철학은 건강한 목회의 필수 요소이다. 목회 철학은 중요한 것과 중요하지 않은 것을 구분하는 기준이 된다. 목회 철학에 따라 교회의 방향, 방침, 방법들이 마련된다. 목회 철학이 있어야 얼른 성과를 내야 한다는 조급함을 미연에 방지하고, 바르게 목회하는 데 시간과 재정, 역량을 집중할 가능성이 높아진다.

목회 철학을 탐색하려면 스스로에게 두 가지 질문을 해야 한다. 첫째, "성숙한 그리스도인의 표상은 무엇인가?" 이는 목회자가 바라보는 성숙한 교우의 모습을 묻는 질문이다. 즉 우리 교회에서 자라면 나중에 어떤 어른이 되는가를 묻는 것이다. 둘째, "선호하는 목회 방식은 무엇인가?" 이는 교우가 성숙한 그리스도인으로 자라는 것을 돕기 위해 목회자가 어떤 목회 방식을 활용하는가를 묻는 것이다. 이 두 가지 질문에 대한 답변이 목회 철학의 기초가 된다. 이제 한 가지씩 구체적으로 살펴보자.

성숙한 그리스도인의 표상은 무엇인가?

성숙한 그리스도인의 표상에 대한 이해를 돕기 위해 상상력을 발휘해 보자. 오늘 한 아이가 태어났다. 아이는 교회에서 자라난다. 유아부, 유치부, 어린이부, 청소년부를 거쳐 청년부에 소속된다. 그리고 어른이 된다. 다 컸다. 그는 이제 어떤 사람이 되었는가? 어떤 존재인가? 그리고 어떤 역할을 하는가? 다시 한 번 질문하겠다. "당신의 교회 공동체에서 자란 사람은 나중에 어떤 사람이 되는가?"

이는 목회자가 갖는 성숙한 그리스도인에 대한 기대이다. 목회자는 교회에 자신이 기대하는 성숙한 그리스도인의 표상을 제시할 수 있어야 한다. "우리 교회에서 자라면 이런 사람이 되거든요. 우리 함께 이런 사람이 됩시다. 이런 사람들을 길러 냅시다." 교우와 주민은 당신에게서 이런 이야기를 듣고 싶어 한다.

1) 자신이 추구하는 성숙한 그리스도인의 표상 탐색하기

목회자가 교회에 제시하는 성숙한 그리스도인의 표상은 사실 자신이 추구하는 성숙한 그리스도인의 표상과 연결되어 있다. 그러므로 목회자는 먼저 자신이 어떤 사람이 되고 싶은지 탐색해야 한다. 나는 많은 목회자들에게 이런 질문을 한다. "어떤 사람이 되고 싶으세요?" 쉽게 답하는 사람이 없다. 아마도 계속 정리하는 중이어서 그런 것 같다.

'다.세.연.'을 시작하기 전 1년 정도 준비 모임을 가졌다. 일곱 사람이 두 주에 한 번씩 만나 이런저런 이야기를 나누었다. 안부를 묻고 돌아

가면서 한마디씩 하고 나면 서너 시간이 지났다. 한 사람이 말을 많이 해서가 아니었다. 한 사람이 천천히 이야기를 하고 마칠 때까지 나머지는 가만히 듣고만 있었다. 그의 이야기가 끝나도 다른 사람이 이야기를 시작할 때까지 그저 가만히 기다렸다. 어떤 사람은 우리의 이런 모습을 보고 "캐나다 인디언처럼 대화한다"고 말했다.

우리는 '다.세.연.'이 어떤 공동체가 되면 좋을지에 대해 서로의 마음과 생각을 나누고 싶었다. 그런데 이야기를 나눌수록 자신이 어떻게 살아왔는지에 관해 나누게 되었다. 어릴 때, 누구와 무엇을 어떻게 했을 때 어떤 생각과 느낌을 갖게 되었는지 이야기를 나누었다. 그 대화를 통해 우리는 각자가 어떤 존재인지, 하나님께서 나를 어떤 존재로 창조하셨는지 조금씩 힌트를 발견했다.

목회자가 성숙한 그리스도인의 표상에 관해 이야기하려면, 자신이 추구하는 성숙한 그리스도인의 표상에 관해 알아야 한다. 그러자면 자신이 어떤 삶을 살아왔는지 이해해야 한다. 즉 자신을 돌아보고 살피는 시간과 노력이 필요하다. 바버라 셔는 『최고의 삶을 살아라』(21세기북스)에서 다른 사람의 모습을 통해 자신의 모습을 살피는 방법을 소개한다.

우선 관심이 가는 누군가를 떠올려 보라. 좋아하든 흥미가 있든 존경하든 마음에 드는 사람을 찾아라. 그 사람이 당신을 몰라도 된다. 나이, 성별, 국적, 생사, 직업 등이 어떠하든 관계없다. 그 누구라도 좋으니 "롤모델을 찾으라"고 바버라 셔는 말한다.

우선 종이를 한 장 펼쳐 보라. 거기에 당신이 롤모델로 삼고 싶은 사람의 이름을 쓰라. 생각나는 대로 다 쓰라. "뭐 이런 사람을 롤모델로 삼을까?"라는 핀잔을 들을지 모른다는 두려움은 버려라. 15명에서 20명 정도를 추려 보자. 그들은 당신에게 선택된 사람들이다.

이제 인터넷으로 그들에 관해 검색하라. 가능한 한 선명한 인물 사진을 찾아서 출력하라. 그 사진을 투명 파일에 한 장씩 넣어 정리한 후 항상 꺼내 볼 수 있는 자리에 두라. 꼭 종이 출력을 고집할 필요는 없다. 요즘은 스마트폰에 저장하는 것을 선호하는 사람이 많다. 여하튼 이제 당신은 당신의 롤모델을 언제든지 '사진'으로 만나 볼 수 있게 되었다.

잠시 휴식하듯 롤모델의 사진을 잠잠히 바라보라. 처음에는 그 사람의 업적이 생각날 것이다. 그것이 가장 눈에 띄니 말이다. 나중에는 그의 성품과 태도를 볼 수 있게 된다면 좋겠다. 그 사람의 존재의 무게를 감지할 수 있게 된다면 더 좋겠다. 마침내 그 사람의 인생과 존재 자체가 당신을 응원하는 것을 경험할 수 있게 된다면 좋겠다.

부지런한 사람은 벌써 몇몇 사람을 검색해 보았을 것이다. 당신도 검색해 보라. 당신의 롤모델 중 한 사람의 얼굴을 바라보라. 보고 있는가? 자! 이제 잠시 생각해 보라. 당신은 그 사람을 왜 좋아하는가? 그 사람의 어떤 모습이 마음에 드는가? 지금 떠오르는 것을 써 보라. 형용사, 부사, 동사, 명사 등 무엇이든 써 보라. 당신이 누군가를 좋아하는 것은 당신의 내면에 그런 모습이 숨어 있기 때문일지 모른다. 사람은 서로를 비추는 거울이라 하지 않던가?

다음의 표에 당신의 롤모델에 관해 정리해 보자.

이름	프로필	마음에 드는 점

이제 당신의 멘토를 찾아보자. 멘토는 롤모델과 달리 당신을 잘 아는 사람이다. 멘토는 당신의 성장을 돕기 위해 자신의 시간과 재능과 역량을 기꺼이 나누는 사람이다. 멘토는 가정, 교회, 학교, 직장, 사회 등에서 만나는 선배들 중에 있다. 성숙한 선배는 성장을 갈망하는 후배를 알아보고, 후배의 성장을 즐겁게 돕는다. 그러므로 멘토를 만나고 싶다면 우선 당신의 성장을 위해 노력해야 한다. 그리고 좋은 선배에게 연락하고 찾아가라. 자꾸 연락하고 자꾸 찾아가라. 당신이 요즘 보기 드물게 꾸준히 성장하고 싶어 하는 사람이라는 사실을 선배가 감지할 수 있도록 말이다.

멘토는 개인의 이사라고 볼 수 있다. 건강한 공동체에 좋은 이사진이 있듯, 한 사람이 균형 있게 성장하려면 몇 명의 멘토가 필요하다. 영적, 지적, 정서적, 사회적, 신체적 영역에서 좋은 영향력을 줄 수 있는 멘토를 찾아라. 영역별로 멘토를 찾을 수도 있고, 다섯 명의 멘토로부터 모든 영역에서 골고루 좋은 영향을 받을 수도 있다.

당신에게는 이미 멘토가 있을 것이다. 그들을 만나고 난 후 생각과 마음이 정돈되는 것을 경험했을 것이다. 하나님께서는 종종 좋은 사람들과의 만남을 통해 우리에게 메시지를 주신다. 그들을 통해 들었던 메시지를 정리해 보라.

멘토 이름	마음과 생각에 정리된 메시지

지금 당신에게 물어보고 싶은 것이 있다. "당신은 어떤 사람이 되고 싶은가?" 아래에 한 문장으로 기록해 보라. (진심인데, 대충 써도 된다. 아직 갈 길이 멀기 때문이다. 처음부터 너무 진지하면 금세 지친다.)

_____

_____

_____

이제 당신의 친구 한 명을 상상해 보라. 신앙이 없는 친구이면 더 좋다. 그 친구가 지금 당신 앞에 있다고 생각하고 말해 보라.

"나는 …한 사람이 되고 싶어."

그 말을 들은 친구는 이렇게 질문할 수 있다.

"그렇구나! 그런데 네가 한 말 중에 이해가 안 되는 부분이 있어. 그 단어의 뜻이 정확히 뭐야?"

당신에게는 익숙하지만 상대방에게는 생소한 단어들이 있어 설명해 주어야 할 일이 생기는 것이다. 친구가 이해할 수 있도록 풀어서 설명한 후 다시 한 번 정리해 보라. 당신은 어떤 사람이 되고 싶은가?

_____

_____

_____

_____

2) 성숙한 그리스도인의 표상에 대해 더 구체적으로 탐색하기

지금 우리는 교회 공동체에 제시할 성숙한 그리스도인의 표상에 대해 생각하고 있다. 성숙한 그리스도인의 표상은 "나는 어떤 사람이 되고 싶은가?"라는 질문과 연결된다. 이 질문에 대한 답변은 두 가지 면에서 정리할 수 있다. 하나는 "나는 어떤 존재가 되고 싶은가?", 또 하나는 "나는 어떤 역할을 하고 싶은가?"이다.

"나는 어떤 존재가 되고 싶은가?"는 성품에 관한 질문이다. 사람마다 존재의 무게가 있다. 영혼의 향기가 있다. 그것이 사람을 고유하게 만든다. 상상해 보라. 사람들이 모여 있는 자리에 당신이 합류할 때 그들이 편안함과 즐거움을 느낀다면, 그것은 당신이라는 존재가 지닌 향기 덕분이다. 당신은 아마도 성숙한 사람이거나 성숙한 사람이 되고 싶어하는 사람일 것이다. 당신이 생각하는 성숙한 성품이란 구체적으로 무엇을 말하는가? 영적, 지적, 정서적, 사회적(관계), 신체적(생활)으로 무엇을 의미하는지 각각 설명해 보라.

당신이 설교 시간에 "그러므로 이제 영적으로 성숙한 사람이 되십시오"라고 결론을 맺었다고 해보자. 예배 후 한 교우가 당신에게 찾아와서 조심스럽게 묻는다. "목사님, 영적으로 성숙한 사람이 된다는 것은 구체적으로 무엇을 의미하나요?" 당신은 교우가 잘 알아들을 수 있도록 영적으로 성숙한 사람이 지닌 고유한 모습이나 특징들을 성경적으로 설명할 것이다. 그러한 마음으로 다음의 표에 정리해 보자.

영역	떠오르는 단어	한 문장으로 정리
영적		
지적		
정서적		
사회적 (관계)		
신체적 (생활)		

"나는 어떤 역할을 하고 싶은가?"는 역량에 관한 질문이다. 상상해 보라. 어떤 일을 함께하기 위해 팀이 구성되었다. 팀이 구성되고 보니 인력이 부족하다. 그래서 당신이 합류하기로 한다. 이에 사람들은 안도 감을 느낀다. 당신은 책임감 있고 탁월한 사람이기 때문이다. 당신은 당신이 속한 공동체에서 어떤 역할을 하고 싶은가? 가정과 교회, 직장 (학교), 사회 그리고 세상에서 어떤 역할을 하고 싶은가?

당신이 설교를 하면서 "그러므로 사랑하는 교우 여러분, 이제 직장 혹은 학교에서 구원받은 사람답게 생활하십시오"라고 결론 맺었다고 하자. 예배 후 한 청년이 찾아와 "목사님, 구원받은 그리스도인으로서 학교생활을 하려면 구체적으로 어떻게 해야 합니까?"라고 물어본다면 당신은 뭐라고 설명하겠는가? 다음의 표에 생각을 정리해 보라.

영역	떠오르는 단어	한 문장으로 정리
가정		
교회		
직장 (학교)		
사회		
세상		

지금까지 "나는 어떤 사람이 되고 싶은가?"에 관해 구체적으로 생각해 보았다. 앞으로 이 질문에 대해 더 깊이, 더 많이 생각하게 될 것이다. 그때마다 더 구체적인 답변을 정리하게 될 것이다. 그리고 그것을 교우들과 공유하게 될 것이다. "우리 교회가 추구하는 성숙한 그리스도인의 표상은 이것입니다. 그리스도인은 성숙한 성품과 탁월한 역량

을 통해 선한 영향력을 흘려보내는 사람입니다. 구체적으로 말하면 다음과 같습니다. … 우리가 이런 사람으로 자라도록 주님께서 인도하십니다. 우리 함께 이런 사람이 됩시다. 우리 함께 다음세대를 이런 사람으로 기르는 일에 헌신합시다."

자! 이제 한 번 더 정리해 보자. 목회자로서 교회 공동체가 다 함께 바라보고 추구해야 할 성숙한 그리스도인의 표상에 대해 발표한다면 뭐라고 말하겠는가? 일단 한 문장으로 표현해 보자. (더 구체적인 내용은 이 과를 마무리하면서 함께 생각하겠다.)

_____

_____

_____

_____

선호하는 목회 방식은 무엇인가?

당신은 교회에 성숙한 그리스도인의 표상을 제시할 뿐만 아니라 한 사람이 성숙한 그리스도인으로 성장하도록 돕기 위해 가장 적절한 목회 방식을 선택해야 한다. 당신이 제시하는 목회 방식에 따라 영·유아부로부터 어린이부, 청소년부, 청년부, 장년부에 이르기까지 교육 내용과 교육 방법, 교육 환경 등이 일관성을 갖추게 된다.

1) 자신이 선호하는 목회 방식 탐색하기

"선호하는 목회 방식이 무엇인가?"라는 질문은 사실 당신이 여태껏 자신의 성장을 위해 선택해 왔던 방식들과 관계있다. 당신은 지금까지 성장하기 위해 어떤 방식들을 선택했는가? 학교에서 공부할 때, 교회에서 신앙 훈련을 할 때, 특정한 프로젝트에 몰두했을 때 어떤 방식이 가장 성과가 있으면서도 편안했는가?

어떤 사람은 독서, 기도, 명상, 혼자 정리하는 방식을 선호한다. 또 어떤 사람은 주위 사람들과 토의하고 합의한 것을 함께 실천하는 방식을 선호한다. 전문가들이 마련한 강의나 세미나, 행사에 참석하는 것을 선호하는 사람도 있다. 대부분이 앞서 설명한 세 가지 방식을 골고루 활용했을 것이다. 그래도 그중에서 당신에게 가장 효과적이고 편안했던 방식은 무엇인가?

당신이 성장하는 데 선호하는 방식을 다음의 도표에 표시해 보자. 효과가 있고 편안해서 가장 선호하는 방식을 1, 효과는 있는데 편안하지 않은 방식을 2, 효과는 없는데 편안한 방식을 3, 효과도 없고 편안하지도 않아 웬만하면 피하는 방식을 4에 각각 기록해 보자.

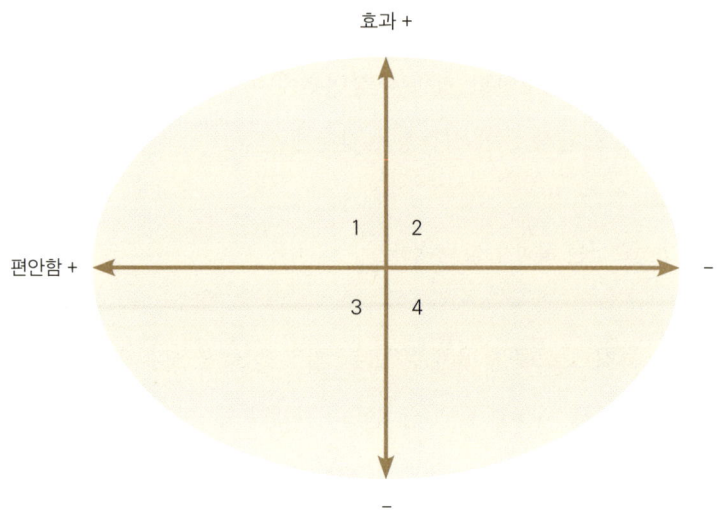

　보통은 목회 방식을 단순하게 다음 세 가지로 정리한다. 전통적인 방식, 제자훈련 방식, 백화점 방식이 그것이다. 반드시 그런 것은 아니지만, 혼자 정리하고 스스로 학습하는 방식을 선호하는 사람은 대개 전통적인 목회 방식을 편안하게 느낄 수 있다. 여러 사람들과 함께 정기 모임을 가지면서 학습하는 방식을 선호하는 사람은 제자훈련 목회 방식을 편안하게 느낄 수 있다. 전문가의 도움을 받아 역량을 강화하는 데 익숙한 사람은 백화점 방식을 선호할 가능성이 있다. 다시 말하지만, 이것은 절대적인 기준이 아니다. 다만 참고할 부분은 있다.

　당신은 그동안 성장하기 위해 주로 어떤 학습 방식을 선택해 왔는가? 그다지 선호하지 않는 방식이지만 성장에 도움이 될 경우 어떻게 했는가?

2) 교회의 목회 방식 살펴보기

교우가 성숙한 그리스도인으로 자라도록 돕기 위해 교회 공동체가 선택할 수 있는 목회 방식 몇 가지를 간단히 살펴보자.

첫째, 전통적인 방식이다. 이 방식은 교우 전체가 함께 성장하는 데 관심이 있다. 모든 교우가 함께 조금씩 자라나는 것에 착안하여 '순환 계단 방식'이라고도 한다.

둘째, 제자훈련 방식이다. 이 방식은 교우를 훈련시켜 다음 단계로 나아가게 하고, 그 교우가 다른 교우의 성장을 돕도록 하는 데 관심이 있다. 야구 경기에서 선수들이 출루하는 것에 착안하여 '4 베이스 방식'이라고도 한다.

셋째, 프로그램 방식이다. 이 방식은 다양한 교육 및 훈련 프로그램을 운영하여 교우들의 성장에 도움을 주는 데 관심이 있다. 다채로운 프로그램을 자율적으로 선택할 수 있는 데 착안하여 '백화점 방식'이라고도 한다.

① 전통적 방식(순환 계단 방식)

이 방식은 모든 교우가 주님의 명령에 순종하여 그리스도의 장성한 분량까지 성장하는 데 집중한다. 모든 교우를 묶는 단순한 구조와 모든 교우가 함께하는 대그룹을 중요하게 여긴다. 모든 교우에게 구역 조직 및 남선교회, 여전도회 조직에 소속되어 정기 예배, 기도회, 성경공부, 부흥회, 전교인 행사 등의 활동에 참여할 것을 권장한다.

우리나라 대부분의 교회가 전통적 목회 방식에 근거해 세워지고 성장해 왔다. 전통적인 교회는 모든 교우가 함께 조금씩 성장하는 데 관심이 있다. 사람들이 줄지어 계단을 걸어 올라가는 것을 형상화하여 '순환 계단 방식'이라고 부르기도 한다. 모든 교우의 성장이 목표인 전통적 교회는 되도록 구조를 단순화하고 함께 지켜야 할 신앙 지침을 명확히 하며 반복해서 공유한다.

전통적 목회 방식을 선호하는 목회자는 '존재'(being)에 관심이 있다. 사람을 만나면 격려하고 그 사람이 묵묵히 살아가는 것 자체를 의미 있게 여긴다. 당연히 설교 방향과 흐름도 존재에 초점을 맞춘다. 교우가 내면의 변화와 지속적인 성장을 통해 하나님의 자녀로 자라나는 것의 중요성을 강조한다. 교회의 전체 분위기도 존재에 관심을 갖는다. 담임 목회자는 일주일 중 많은 시간을 독서하거나 설교, 강의 등을 준비하는 데 할애한다.

전통적 방식을 선호하는 교회의 목회 구조는 대개 다음 그림과 같은 형태를 보인다.

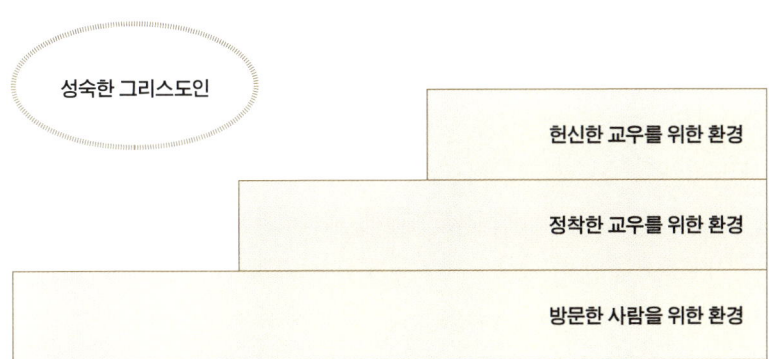

 전통적 방식 교회의 예

노스포인트 커뮤니티 교회

- 교회의 사명: 사람들이 예수님과의 개인적 관계 안에서 자라나 예수 그리스도의 성품을 닮고, 구원받은 하나님의 자녀로 살아가도록 인도한다.
- 교회 목회 구조: 아래와 같이 단순한 구조를 갖추기 위해 노력한다. 모든 교회 프로그램의 목적과 목표는 다음 세 가지 환경에 초점을 맞추며, 이에 부합하지 않을 경우 과감하게 중단한다.
  - 현관: 출입이 자유롭고 사람들이 다시 오고 싶어 하는 환경
  - 거실: 특정 목적을 가지고 사람들이 서로 관계 맺는 환경
  - 부엌: 구분된 분위기로서 사람들이 변화되도록 이끄는 환경

내가 처음 이 교회에 방문했을 때, 예배를 마치고 담임인 앤디 스탠리 목사가 이렇게 광고하는 것을 들었다. "우리 교회 교우는 한 가지씩 봉사를 해야 합니다. 교회학교, 주차장, 어디서든 무엇이든 하십시오. 그렇지 않으면 집에 계시기 바랍니다. 설교 CD를 집으로 보내드리겠습니다." 이 교회의 고등부 예배가 오후에 시작하는 이유도 봉사 때문이다. 학생들은 오전에 주일학교에 와서 간식, 출석부, 영상 음향 장비 등을 정리한 후 찬양, 율동, 성경 이야기 등에 참여한다. 중고등부 사역자들은 일주일에 세 번 이상 모여 식사하며 대화하는데, 가장 중요한 대화 내용은 "우리는 올바른 방향으로 함께 가고 있는가?"라고 했다. 올바른 방향이란 담임 목회자와 동역자들이 합의한 목회 철학을 의미한다.

소망교회

교회를 개척한 곽선희 목사의 핵심 가치를 기반으로 2대 담임인 김지철 목사가 사역 초창기(2010년)에 세운 목회 철학과 은퇴를 앞둔 2014년의 변화 발전된 목회 철학을 살펴보자.

- 목회 철학(2010년)

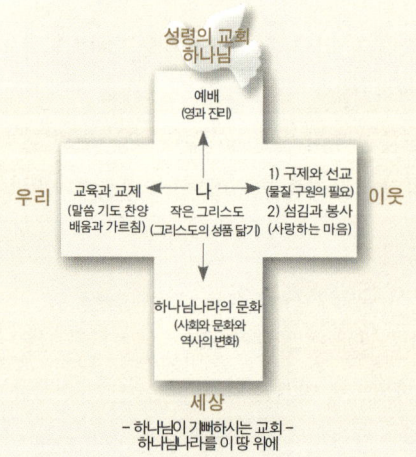

- 하나님이 기뻐하시는 교회
  하나님을 기쁘시게 하는 교회
- 성령이 모든 존재와 사역의 동력이 되는 교회
- 섬김의 리더십 센터로서의 교회

- 목회 철학(2014년)

하나님께서 기뻐하시는 성령의 교회를 꿈꾸면서(그리스도의 몸인 교회는 생명의 유기체로서 성령님이 중심임)
- 소망교회가 하나님께서 기뻐하시는 성령의 교회로 더욱 거듭나기를 바랍니다(예배, 교육, 교제, 섬김과 나눔, 하나님나라의 문화).
- 소망교회는 성도님들과 함께 사명감을 가지고 기도하며 나아가기를 원합니다(하나님께 영광 돌리는 목회, 하나님의 자녀들인 성도들을 섬기는 목회, 이웃을 위한 섬김과 나눔의 목회, 사람들을 양육하여 배출하는 목회).

※ 아래 소개하는 교회의 홈페이지를 방문해 보라. 비전, 사명 선언문을 살펴보면 공통점들을 찾을 수 있을 것이다. 이들은 '존재'에 관심이 많다.

맨하탄 코너스톤 교회(방연직 목사)
- 비전: 모퉁잇돌 되신 그리스도를 닮아 가면서 그의 풍성함을 전하는 교회입니다. 그 돌은 건축자들이 버렸던 돌이 된 것처럼, (주님은) 그리스도를 위한 버림받음과 고난에 동참하기를 자원하는 자들을 오늘도 부르십니다.

영락교회(이철신 목사)
- 교회 비전이 담긴 신앙 지도 원칙: 경건한 복음주의 신앙의 육성, 교회연합 정신의 구현, 성서적 생활 윤리의 훈련, 세상에서의 하나님의 공의 실현
- 4대 목표: 교육/평신도 활동의 활성화, 성도의 교제/신앙과 애환의 생활 공동체, 선교/땅 끝까지 복음을 전하는 사명 감당, 봉사/이웃 사랑

※ 이밖에도 경향교회(석기현 목사), 동래중앙교회(정성훈 목사) 등을 찾아보라.

② **제자훈련 방식(4 베이스 방식)**

한국 교회에 사람들이 많이 몰려들면서 목회자 혼자 교우들을 목양하는 데 한계가 생겼다. 이에 훈련된 평신도를 세워 목회 리더십을 공유하게 되었다. 제자훈련 방식을 선호하는 교회는 성숙한 교우를 선발하고, 그에게 훈련의 기회를 제공하여, 그가 다른 교우를 훈련할 수 있도록 돕는 데 관심이 많다.

목회자는 처음 교회에 방문한 사람에게 새신자 교육을 시키고, 정착한 교우에게는 제자훈련을 받도록 하며, 제자훈련 과정을 마친 교우에게는 사역자 훈련을 이수하도록 권장한다. 이는 야구 경기에서 타자가 출루하여 1루에서 2루로, 또 3루로, 홈으로 뛰는 것과 비슷하다고 해서 '4 베이스 방식'이라고도 부른다.

제자훈련 방식으로 목회하는 교회는 '역할'(doing)에 관심이 많다. 성숙한 그리스도인은 주님의 제자로서 마땅히 취해야 할 태도와 행해야 할 일이 있다고 강조한다. 자연히 담임 목회자의 설교의 방향과 흐름도 '역할'에 초점을 맞춘다. 담임 목회자는 성도가 훈련받고 제자로서 역할을 담당하도록 돕는 데 관심이 많다. 따라서 주중 대부분의 시간을 선발된 평신도를 훈련시키고 소그룹을 인도하는 데 사용한다.

제자훈련 방식을 선호하는 교회의 목회 구조는 대개 다음과 같은 형태를 보인다.

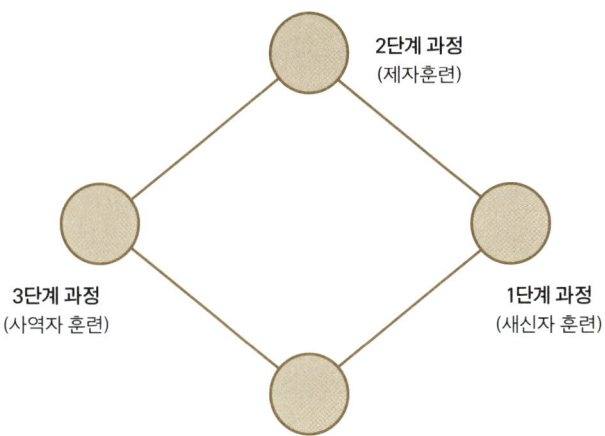

 제자훈련 방식 교회의 예

사랑의교회

1대 담임인 고 옥한흠 목사의 목회 철학을 기초로 2대 담임인 오정현 목사의 초창기 목회 철학과 현재 변화된 목회 철학을 살펴보자.

- 목회 철학(2010년)

이제 다음 세기를 향해 교회는 민족을 치유하는 섬김 공동체, 제자를 재생산하는 훈련 공동체, 세계선교를 마무리하는 연합 공동체, 다음세대를 책임지는 비전 공동체, 사회를 변혁하는 정감 공동체로서의 이상과 비전을 설정하게 되었다. 이를 위해 교회는 사역 방향을 교회 연합과 일치를 통해 민족을 섬기는 사역, 평신도 훈련 사역, 열방을 향한 세계선교 사역, 다음세대를 위한 교육 사역, 시대 앞에 사회와 문화를 변혁해 나가는 사역으로 맞추고 하나님의 인도를 받으며 앞으로 나아가려 한다. 우리 모두 이 비전과 사역의 한 부분이 되어 함께 이 일을 이루어 가자. 우리의 조그만 헌신을 통해 하나님의 나라는 힘있게 확장될 것이다.

- 목회 철학(2015년)
- 공동체의 고백: 우리는 세상으로부터 부름받은 하나님의 백성입니다. 또한 세상으로 보냄받은 그리스도의 제자입니다. (보냄 받은 소명자로서 하나님을 기쁘게 찬양하는 성령 충만한 예배자가 되겠습니다. 진리를 배우고 수호하는 은혜의 빚진 자가 되겠습니다. 땅 끝까지 복음을 전파하는 전도자가 되겠습니다. 이웃의 아픔을 함께하는 치료자가 되겠습니다. 온 성도가 하나 되는 화해자가 되겠습니다. 사회적 책임을 다하는 소명자가 되겠습니다. 그리하여 주의 나라가 이 땅에 임하며, 하나님을 영화롭게 하는 사랑의 공동체가 되겠습니다.)
- 비전: 우리는 제자훈련 선교교회를 꿈꿉니다. (살아 있는 예배, 제자훈련의 국제화, 복음적 평화통일, 글로벌 인재 양성 및 대사회적 섬김, 세계선교적 마무리.)

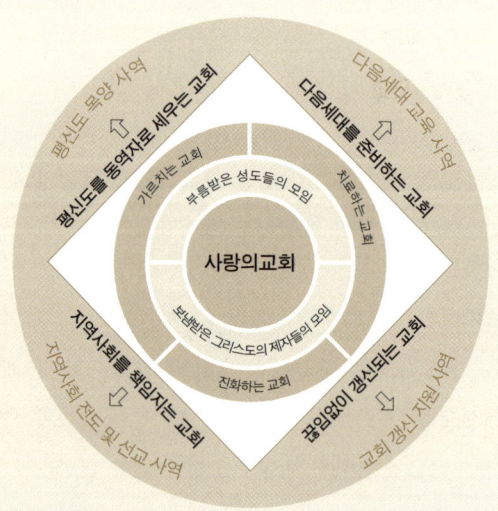

※ 새들백 교회 릭 워렌 목사는 옥한흠 목사를 가장 존경한다고 말했다. 그 이유는 "그는 교우들이 훈련받고 다음 단계로 뛰어가도록 인도하는 가장 탁월한 사람"이기 때문이다. 실제로 새들백 교회의 교사들은 주일에 야구 운동복을 입는다. 다음세대 아이들이 훈련받고 다음 단계로 뛰어가는 분위기를 만들기 위해서라고 한다. 하지만 그의 목회 철학에도 변화가 있음을 볼 수 있다. 사람을 뛰게 하는 젊은 열정이 사람을 품는 어른의 안정감으로 숙성된 느낌이 든다.

• 비전(2010년): 사람들을 예수님과 그분의 가족의 일원이 되게 하고(membership), 그리스도의 형상을 닮도록 계발하며(maturity), 교회에서 사역하며(ministry), 세상에서 평생의 사명(mission)을 수행할 수 있도록 무장시켜서 하나님의 이름에 영광을 돌리게 한다.

• 비전(2015년): 우울하고, 상처받고, 절망한 사람들이 찾아와 도움을 얻고 가족과 공동체와 희망을 발견할 수 있는 장소를 제공한다.

※ 아래에 소개하는 교회의 홈페이지도 방문하여 각 교회의 목회 철학을 살펴보라.

목동 지구촌교회(조봉희 목사)
사람들로 예수를 믿고 변화를 받아 성숙한 그리스도인이 되어 교회와 사회를 위해 헌신하도록 한다.

더사랑교회(이인호 목사)
가르치고, 치유하고 전파하는 예수 그리스도의 3대 사역을 계승하는 더사랑 공동체

③ 프로그램 방식(백화점 방식)

급하고 다양하게 변화하는 사회 속에서 많은 경험을 하는 교우에게 삶의 의미와 복음의 구체적인 능력을 해석해 줄 필요가 생겼다. 이에 교회는 연령별, 성별, 직업별, 관심별로 교우의 신앙적 필요를 채워 주기 위해 다양한 프로그램을 기획, 준비, 진행하기 시작했다. 목회자는 교우에게 유익한 프로그램을 자세히 안내하고 참여할 수 있도록 권장한다.

프로그램 방식을 '백화점 방식'이라고도 부른다. 백화점은 소비자들의 욕구와 필요를 충족시키는 제품을 다양하게 진열하여 많은 사람을 매장으로 유입시킨다. 백화점 내에 얼마나 머물다가 떠나는가, 어떤 제품을 구입하는가는 전적으로 소비자의 몫이다. 교회는 교우의 필요에 따라 다양한 프로그램을 마련하고 교우(신앙이 없는 사람과 다른 교회 교우들을 포함)가 교회에 방문하여 스스로 선택한 프로그램에 참여하고 유익을 얻도록 하는 데 관심이 있다.

프로그램 방식으로 목회하는 교회는 '목표'(goal)에 관심이 있다. 분위기는 전체적으로 활력이 넘친다. 복잡한 사회 속에서 교우들이 복음에 대한 다양하고 구체적인 해석을 접하고 자기 삶의 문제를 해결하거나, 해결되지 않는 삶의 문제의 의미를 이해하는 것을 선호한다. 담임 목회자는 주중 대부분의 시간을 교우의 필요를 파악하고, 그것을 충족시킬 수 있는 프로그램을 기획, 준비, 운영하는 데 활용한다.

프로그램 방식을 선호하는 교회의 목회 구조는 대개 다음과 같은 형태를 보인다.

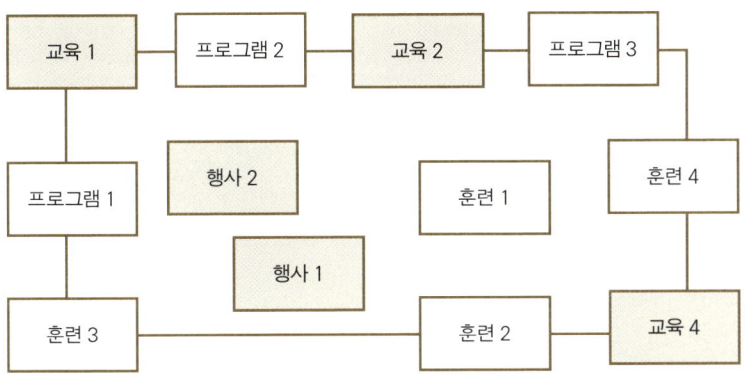

 프로그램 방식 교회의 예

온누리교회

1대 담임인 하용조 목사의 목회 철학을 그대로 계승한 2대 담임인 이재훈 목사에 의해 목회 철학이 좀 더 구체적으로 풍성해지는 것을 볼 수 있다.

- 비전(2010년): ACTS 29 - 흩어지는 교회로서 사도행전적 교회를 재생산하여 온 누리에 복음을 전하는 온누리교회의 중심 비전. 이 비전에 의해 '2000/10000', 즉 2010년까지 2천 명의 선교사와 1만 명의 사역자를 세우는 사역이 구체화 되었고, 이를 실행하는 방법으로 전 세계에 '온누리비전교회'를 세우기 시작했다.

- 비전(2015년): 창립 당시의 사도행전적인 '바로 그 교회'의 비전을 새롭게 하고 구체화했다. 이 비전의 네 가지 축은 비전 교회, CGN TV, 비전 빌리지 선교훈련센터, 사회 참여이다.
- 목회 철학: 예수 그리스도가 주인인 공동체를 이룬다. 예배 공동체, 성령 공동체, 선교 공동체, 2000/10000 비전.

윌로우 크릭 교회

빌 하이빌스 목사가 개척 당시부터 지켜 온 목회 철학과 은퇴한 후 다시 돌아와서 정비한 목회 철학의 변화를 살펴볼 수 있다.

- 목적: 윌로우 크릭 교회의 사명은 비종교적인 사람들을 예수 그리스도께 완전히 헌신된 제자로 삼는 데 있다.
- 비전: 성경적으로 움직이는 신자들의 공동체를 만들어 그리스도의 구속 목적이 이 세상에 이루어지도록 한다.

※ 윌로우 크릭 교회의 홈페이지에 방문해 보라. 교회의 목회 철학(비전, 가치, 신념 등)을 살펴보라. 이전과 비교했을 때 어떤 면에서 변화가 있는가?

_____
_____
_____

④ **통합 방식**

마지막으로 위의 세 가지 분류에 속하지 않는 방식을 살펴보자. 대부분의 교회는 전통적 방식, 제자훈련 방식, 프로그램 방식이 혼재된 목회 방식을 채택하고 있다. 하나님나라 운동과 구령 사업에 헌신한 선배 목회자들은 한 사람이라도 더 주님 앞으로 인도해야 한다는 일념으로 온 힘을 다해 목회 활동을 했다. 프로그램의 배경이 되는 목회 철학을 살피기보다는 한 사람이라도 교회 공동체에 초청할 수 있는 방법이라고 판단되면 모두 도입했다. 그 결과 교회 안에 다양한 목회 철학을 배경으로 하는 수많은 프로그램이 도입되었다.

그러다보니 활동이 많아지고 이에 따라 목회자와 교우는 심한 피로감을 겪게 되었다. 항존직(안수하여 임직받는 직분으로서 목사, 장로, 안수집사가 이에 해당한다)들은 종종 이렇게 하소연한다. "바쁜 것은 얼마든지 견딜 수 있지만 우리 교회가 지금 어디로 가고 있는지 모르는 것은 견디기 어렵다."

이제 담임 목회자는 교회가 함께 나아가야 할 방향을 제시할 책임을 지게 되었다. 이러한 맥락에서 교회 안에 이루어지는 모임과 활동에 일관된 흐름을 만들기 위한 노력들이 일어났다. 모든 교우가 신앙 성장을 위해 한 방향으로 나아가야 한다고 강조하면서 행정 구역에 따른 조직을 사역적 생명 단위인 '가정', '순', '셀' 등으로 묶어 냈다. 사역적 생명 단위란 그 공동체의 기능 안에 예배, 교육, 교제, 봉사, 증거가 모두 포함되어 있다는 의미이다. 이는 전통적 방식인 순환 계단 방식을 재해석하여 적용한 예라고 볼 수 있다.

셀, 가정, 순 등으로 표현할 수 있는 작은 공동체의 리더는 공동체를 사역적 생명 공동체로 이끌기 위해 목양의 역량을 강화해야 한다. 이에 교회는 이들을 교육하고 훈련하는 프로그램을 마련했다. 목회자는 평신도 리더가 이 프로그램에 참여하여 배우고 익힐 수 있도록 권장한다. 이는 4 베이스 방식의 접목이라고 볼 수 있다.

끝으로, 이런 교회는 교회 안의 작은 공동체들이 나아가야 할 방향과 리더가 상기해야 할 내용 그리고 공동체 전체가 공유해야 할 정신, 무엇보다도 양보할 수 없는 영적 기초를 기억할 수 있도록 적절한 시기에 필요한 내용을 담은 행사들을 기획, 준비, 운영한다. 이것은 백화점 방식의 접목이라고 볼 수 있다.

통합 방식을 채택한 대표적인 교회로 한소망교회(류영모 목사)를 들 수 있다. 한소망교회의 사명은 다음과 같다. "목장 교회는 교회의 핵심이요 본질로서 소그룹 방식으로 각 가정에 모여 불신자들을 향한 전도, 신자들 간의 사랑의 교제와 양육 그리고 상호 돌봄의 사역을 시행하는 작은 교회이다. 목장 교회는 주님의 가슴속에 있는 교회이며, 사도행전에서 볼 수 있는 가족 같은 교회이다. 목장 교회 참여는 한소망교회의 선택이 아니라 당연한 의무이다."

통합 방식을 적용한 두 번째 예로 '본질에 충실한 작고 건강한 공동체'를 들 수 있다. 이러한 공동체는 형식을 최소화한다. 어떤 사안을 결정할 때 "본질적인가, 형식적인가?"를 질문한다. 조직과 운영, 행사, 건물을 간소화하고 되도록 작고 건강한 공동체를 추구한다. CTK(Christ the King Community)도 그런 교회 중 하나이다. 이 교회는 예배, 소그룹, 봉사에 집중한다. 학교 교실, 학원 교실, 가정 집 거실, 카페, 길거리 등 50명 정도 모여서 예배할 수 있는 장소라면 어디든 가리지 않고 거기서 예배를 드린다. 주중에 한 번 소그룹 모임을 가진다. 그리고 교우들이 삼삼오오 모여서 전도를 전제하지 않은 봉사를 한다(『작은 교회가 아름답다』, 데이브 브라우닝, 옥당).

우리나라의 건강하고 작은 교회들 중에도 소개할 곳이 많다. 그 교회들의 특징은 "목회자가 지역 주민과 함께 생활하고, 좋은 관계를 맺고, 삶의 자리를 파악하며, 주민의 생존과 행복을 돕는다"는 것이다. 이들은 목회 구조를 매우 단순화하여 지역 주민의 요구와 필요에 복음적으로 민첩하게 반응하며 생명적 유기체를 이루어 가는 과정을 보여준다(『배부르리라』, 이태형, 좋은생각).

한국 교회 중에 본질에 집중하고 비본질적인 부분에 대한 부담을 최대한 덜어 내는 교회들이 등장하기 시작했다. 우리나라 젊은 목회자들을 중심으로 도심, 농어촌, 산골 등 지역에 관계없이 작고 건강한 교회들이 세워지고 있다는 이야기가 여기저기서 들려온다. 이제는 더 이상 교회를 방문하지 않는 주민들을 교회가 찾아 나서야 하는 시대가 된 것이다. 예수님께서 회당에서 사람들을 기다리시지 않고 갈릴리를 비롯해 이곳저곳 사람들이 살고 있는 삶의 자리로 찾아가신 것처럼 말이다.

세상으로 찾아가는 교회에 대해 알고 있는 것이 있는가? 사람들을 찾아가 얼굴을 익히고 관계를 맺고 친구가 되어 우정을 가꾸며 사랑을 나누는 교회, 복음의 본질을 실현하기 위해 비본질적인 것들은 정리하는 교회에 대해 알고 있다면 다음 빈칸에 소개해 보자.

다음세대 담당자는 담임 목회자의 목회 철학을 이해해야 한다

교회 공동체의 구성원 중에 다음세대, 즉 영아부, 유아부, 유치부, 어린이부, 청소년부, 청년부의 목양을 담당하는 목회자들이 있다. 각 부서마다 한 명을 담당으로 세운 교회가 있는가 하면, 한 명이 모든 부서를 담당하는 교회도 있다. 이들은 기본적으로 하나님의 부르심에 순종해야 한다. 아울러 담임 목회자의 목회 철학을 올바르게 이해하고 있어야 한다. 담임 목회자가 추구하는 성숙한 그리스도인의 표상이 무엇인지, 선호하는 목회 방식이 무엇인지 알아야 한다. 이를 바탕으로 교회의 목회 방향을 숙지하고 그것을 교사와 학생, 학부모와 공유해야 한다. 다음세대의 모든 구성원은 곧 교우이기 때문이다.

"한 아이를 기르기 위해 마을이 필요하다", "마을이 학교이다"라는 말은 얼마나 당연한가? 당연한 것, 상식적인 것이 아름답다! 다음세대 한 명을 위해 교회 공동체 전체가 필요하다. 교회 공동체가 교사이고, 교회 공동체가 교육 내용이다. 교회교육은 교회 공동체가 한다. 교회는 사람이 자라나는 기름진 토양이다.

다음세대를 담당하는 목회자라면 담임 목회자의 목회 철학을 이해하기 위해 좀 더 노력해야 한다. 담임 목회자의 목회 철학은 "밭에 감추인 보화"(마 13:44)처럼 가려진 경우가 많다. 담임 목회자의 목회 철학을 탐색하고 싶다면 그의 모습을 살펴보라. 내 경험에 의하면, 담임 목회자가 추구하는 성숙한 그리스도인의 표상은 그의 이미지와 비슷할 때가 많다. 또한 그의 설교와 강의 등에 귀를 기울여라. 그의 도서와 원고 등을 주의 깊게 읽으라. 담임 목회자의 모습과 설교, 원고 등에 그의 목회 철학이 드러나 있다.

당신이 소속된 교회 공동체의 담임 목회자가 추구하는 성숙한 그리스도인의 표상은 무엇인가?

그것은 구체적으로 무엇을 의미하는가?

이제 다음의 표를 활용해 담임 목회자의 목회 철학을 대략 살펴보자.

	목회 철학 표현 영역	
교회 홈페이지 혹은 주보		교회 비전, 사명, 목표, 표어 등
목회자의 이미지		담임 목회자가 사람을 대하고 일을 처리하는 태도를 통해 알 수 있는 내용
목회자의 직접 표현		설교, 강의, 대화, 도서, 원고 등에 나타나는 내용

목회 방식 점검 영역			
목회 철학	존재 (being)		목회 철학 문구에서 강조하는 것
	활동 (doing)		
	목표 (goal)		
시간 사용	설교, 독서, 기도		주중에 시간을 가장 많이 할애하는 분야에 관한 것
	양육, 훈련 모임 준비 및 운영		
	프로그램 기획, 준비 및 운영		
설교 결론	은혜와 응답		설교의 주제와 결론 부분에서 강조하는 것
	훈련과 변화		
	헌신과 봉사		
사람 관점	하나님의 자녀		사람을 어떤 관점으로 보는가에 관한 것
	예수님의 제자		
	성령님의 사역자		

2장. 공동체의 토양 가꾸기

대학교 여름 방학 어느 날, 한 선배에게 연락이 왔다. 어느 골목길 근처로 나오라고 했다. 짜장면을 사준다는 말에 달려가 보니 선배 두 명이 어느 집 대문 앞에서 그 집 거주자로 보이는 아주머니와 대화를 하고 있었다. "저희는 장석교회 청년이에요. 교회 운영을 위해 지역 주민의 의견을 듣고 싶은데 잠시 시간을 내주실 수 있나요?"

그때는 교회에서 왔다며 문을 두드리면 사람들이 나와 이야기도 나누고 간식을 챙겨 주기도 하던 시절이었다. 우리는 그날 약 30-40가구를 방문했다. 저녁이 다 되어 교회에 가니 40-50명 정도의 청년들이 와 있었다. 두세 명씩 짝을 이루어 하루 종일 설문조사를 하다가 돌아왔던 것이다. 당시 이용남 목사님은 장석교회에 부임한 지 3년이 지난 상태였다. 그는 장석교회와 교우들을 이해하고 행정 정리를 잘 마무리하며 지역사회와 주민을 이해하고자 청년부에 설문조사를 의뢰했던 것이다.

목회자들은 목회 철학을 정립한 후, 그 목회 철학이 실현되는 과정에서 형성되는 공동체의 토양에 진지한 관심을 갖게 된다. 신학대학원 시절, 목회 실습 강의 시간에 손인웅 목사님도 같은 말씀을 하셨다. "내가 교육 전도사와 부교역자로 섬겼던 덕수교회에서 담임 목회자로 청빙받아 섬길 수 있는 것은 나의 목회 능력이 검증되었기 때문이 아닙니다. 교회에 오래 있었으므로 교회와 교우를 이해할 수 있다고 판단한 당회의 배려 덕분입니다."

건강한 교회의 특징 중 하나는 목회자가 교회 공동체와 지역 공동체를 이해하기 위해 상당히 노력한다는 것이다. 어느 목회자는 자신의 개척 준비 과정을 다음과 같이 설명한다. "하나님께 기도하며 개척할 장소를 찾았습니다. 그 지역에 대한 확신이 들었지요. 지역에 대한 연구 조사를 시작했습니다. 지역의 역사, 문화의 흐름을 조사했습니다. 주민들의 정치, 종교 성향, 경제, 교육 수준, 연령 분포, 민족 배경, 여론 주도 그룹 등을 조사했습니다. 그 지역을 복음으로 변화시키려면 누구에게 복음을 먼저 전하는 것이 가장 효율적인가에 대해서도 많이 생각했습니다. 우리는 거의 1년 동안 가가호호 방문을 했습니다."

미국 동부의 건강한 몇 교회를 방문했을 때, 각 교회의 청소년부 담당 목회자가 공통적으로 한 말이 있다. "우리 교회 담임 목사님은 공식석상에서 출석과 헌금에 대해 언급한 적이 한 번도 없습니다." 나는 "그럼 주로 무슨 얘기를 나누나요"라고 물었다. 그들은 "우리가 목회 철학대로 가고 있는가를 계속 물어봅니다. 아무리 잘되는 프로그램이라 하더라도 우리의 철학과 일치하지 않으면 내려놓지요"라고 대답했다. 최근에 있었던 구체적인 예를 들어줄 수 있겠느냐고 물었더니 그들 중한 명이 흥미로운 이야기를 했다. "우리 담임 목사님은 예수 그리스도를 영접한 유대인입니다. 그는 구약에서 말하는 예수 그리스도를 매우 강조하는 경향이 있지요. 그래서 우리 교회에는 성경공부반이 많고 거의 모든 교우가 성경공부에 동참합니다. 얼마 전 우리는 1천 명 이상 모이는 청소년 찬양 축제(월 1회 진행)를 그만두기로 했습니다. 우리 교회의 목회 철학과 어울리지 않았기 때문입니다. 사실 이웃 교회에서 진행하는 청소년 찬양 축제는 우리 교회의 축제보다 규모가 작습니다. 하지만 그 교회는 찬양을 강조하는 교회이기 때문에 그 모임은 계속되어야 하고 잘되어야 합니다. 우리는 우리 축제에 오던 아이들을 그 교회의 축제에 가도록 안내했습니다."

목회 철학대로 10년, 20년 목양을 하다 보면 그 공동체에 '자기다운 공동체의 토양'이 형성된다. 교회의 토양은 교회의 역사와 문화가 어우러져 만들어진다. 교회의 역사는 교회를 개척할 당시의 구성원들(목회자, 목회자 가족, 개척에 동참한 교우들)과 교회에 새로 유입되는 교우들 그리고 지역 주민이 함께 만들어 간다. 따라서 교우와 주민의 의견과 성향 그리고 상황을 잘 살펴야 한다.

당신은 어떤 공동체의 토양을 가꾸고 싶은가? 목회 철학이 '자기다움'에 기초한다면, 공동체의 토양은 '우리다움'에 기초한다. 여기에서 중요하게 다룰 질문은 두 가지이다.

첫째, "핵심 가치는 무엇인가?" 담임 목회자가 제시한 성숙한 그리스도인의 표상을 추구하면서 우리가 중요하게 여길 가치는 무엇인가? 우리는 어떤 태도로 사람을 대하는가? 어떤 방식으로 일을 처리하는가? 이 질문에 일치되는 답을 공동체가 공유해야 한다.

둘째, "논의 구조는 무엇인가?" 공동체가 구성원의 의견을 수렴하는 기구는 무엇인지, 그 기구들은 어떤 구조로 운영되는지, 갈등이 발생하면 어떻게 처리하는지 물어보는 것이다. 자! 이제 하나씩 구체적으로 살펴보자.

"당신은 공동체를 어떤 토양으로 가꾸고 싶은가?

지금 하고 싶은 말은 너무 많은데 설명할 길이 없어 답답할 수도 있을 것이다. 어쩌면 생각해 본 적이 없는 질문에 멍해졌는지도 모르겠다. 어떻든 이 질문에 대한 답은 간단하지 않다.

다시 질문하겠다. "당신은 어떤 공간을 창조하고 싶은가?"

당신은 당신이 창조한 공간에 사람들을 초대하게 될 것이다. 지역 주민이든 교회를 안 나오고 있는 교우이든 당신의 초대를 받고 당신의 공동체에 방문한 사람들이 어떤 느낌을 받기를 바라는가? 하나님께서 허락하신 당신의 목회 철학에 동의한 교우들이 가꾸는 공동체에 방문한 사람들이 어떤 느낌을 받기를 기대하는가?

공간에 관한 이야기

방에는 창과 문이 있다. 창은 밖을 내다보는 '전망'의 기능과 햇살과 공기를 받아들이는 '수용'의 기능이 있다. 문은 가족과 친구의 방문을 허락하는 '개방'과 다른 사람이 들어오는 것을 막는 '폐쇄'의 기능이 있다. 그렇다면 문은 방을 열린 공간으로 만들어 주는가, 닫힌 공간으로 만들어 주는가? 방의 역사를 연구한 사람들은 문은 방을 닫힌 공간으로 만드는 기능이 더 강하다고 말한다. 사람은 문을 통해 세상과 나를 구분짓고 자신만의 공간을 마련한다. 그 공간을 가꾸고 그곳에 대한 느낌이 좋을 때, 타인을 그 안으로 초대한다.

    방에는 대략 휴식, 놀이, 학습, 작업이라는 네 가지 기능이 있다. 어릴 때는 학습이 작업이고 놀이가 휴식이기 때문에 기능적인 면에서 단순하다. 성장하면서는 각각의 기능이 구분되고 직업에 따라 좀 더 세분화된다. 초등학교 시절을 단칸 셋방에서 보냈기 때문에 가족과 공간을 공유한 나도 기능별로 방의 분위기가 달라지는 것을 경험했다. 텔레비전을 시청할 때, 친구와 라면을 끓여 먹을 때, 시험 공부를 할 때, 각각 공간에 대한 느낌이 달랐다.

1) 나의 공간에 대한 추억

어릴 때 당신은 당신의 공간에서 쉴 때, 무엇을 하면서 어떻게 쉬었는가? 그 공간에서 놀 때, 무엇을 하면서 어떻게 놀았는가? 당신의 공간에 들어설 때 혹은 그 공간을 생각할 때 가슴이 뛰거나 설렌 경험이 있는가? 그 공간에서 무언가를 배우고 익힐 때, 작업할 때 효율성을 높이기 위해 그 공간을 어떻게 활용했는가?

    당신의 공간에서 휴식, 놀이, 학습, 작업이 이루어졌을 때를 추억해 보라. 같은 공간에서 같은 일을 해도 편안할 때가 있는가 하면 불편할 때가 있었다. 효율적일 때가 있는가 하면 비효율적일 때도 있었다. 언제 가장 편안하고 효율적이었는가? 어떤 사람과 함께할 때 가장 편안했는가?

"정말 잘 놀았다", "야, 잘 잤다", "오늘 공부가 엄청 잘되는 것 같다", "시간이 이렇게 많이 지난 줄 몰랐다"라는 소리가 절로 나왔을 때를 떠올려 보라. 그때 느낌이 기억나는가? 그때 무슨 일을 어떻게 했는가? 다음의 표를 활용해 좀 더 구체적으로 살펴보자.

	과거	현재	비고
휴식 (수면)			
놀이 (취미)			
학습 (도서)			
작업 (봉사)			

2) 공동체의 공간에 대한 이해

교우들도 마찬가지이다. 같은 장소에서 같은 일을 해도 편안할 때가 있는가 하면 불편할 때가 있다. 효율적일 때가 있는가 하면 비효율적일 때가 있다. 따라서 무슨 일을 할 때 "해야 한다", "할 수 있다", "하라"고 무작정 밀어부칠 수는 없다. 하고 싶도록, 할 수 있도록, 하면 좋도록 환경을 마련하고 배려해야 한다. 이제 공동체에 방문했거나 정착한 사람들의 입장에서 생각해 보자.

당신은 공동체에 처음 방문한 사람이 하나님의 자녀로서 무조건적인 사랑을 맛보기를 원하는가? 용서받지 못할 죄가 없다는 사실을 받아들이기를 원하는가? 죄와 죽음의 권세에서 자유롭게 되어 영혼의 안식과 자녀로서의 권세를 누리기 원하는가? 공동체에 정착한 사람들이 예수님의 제자로서 말씀대로 자라나기를 원하는가? 예수님을 따르기 위해 성경을 읽고 기도하고 예배하기를 원하는가? 기독교적 가치와 하나님의 뜻을 배우고 익히며 훈련받기를 원하는가? 헌신된 사람들이 성령님의 사역자로서 성령 충만하기를 원하는가? 은사와 재능을 통해 하나님의 부르심에 응답하기를 원하는가? 하나님나라를 위해 자기답게 사역 현장에서 심부름꾼으로 쓰임받기를 원하는가?

교우들이 편안하지만 늘어지지 않고, 효율적이지만 긴장하지 않도록 하려면 어떻게 해야 할까?

단계	교우	경험	분위기와 환경 조성을 위해 고려할 점
하나님의 자녀	방문자	무조건적 사랑과 용서를 누림	
예수님의 제자	정착자	성경적 가치관과 삶의 태도를 훈련함	
성령님의 사역자	헌신자	하나님나라와 영혼 구원을 위해 섬김	

핵심 가치에 관한 이야기

교회마다 사람을 대하는 태도와 사역을 대하는 방식에 있어 고유한 문화가 있다. 이는 문서화하여 교육하지 않더라도 자연스럽게 공유되는 것 같다. 어느 교회는 사람을 대할 때 정중하고, 일을 처리할 때 정성스럽다. 반면 어느 교회는 사람을 대할 때 건성이고, 일을 처리할 때 어설프다. 교회에 처음 방문한 사람일지라도 교우들의 표정과 태도에서 그 차이를 분명히 느낄 수 있다.

사람을 대하는 태도와 사역을 대하는 방식의 기본을 정리한 것이 핵심 가치를 구성한다. 교회의 분위기는 이 핵심 가치와 연결되어 있다. 어느 교회의 핵심 가치 중에 '성실'이라는 항목이 있다고 하자. 성실을 다양하게 설명할 수 있겠지만, 이 교회는 성실을 '정한 시간에 모임을 시작하고 마치는 것'이라고 생각한다. 그러면 이 교회는 모든 모임을 가능한 한 정한 시간에 시작하고 마치려고 애쓸 것이다. 어른뿐만 아니라 아이들도 그렇게 할 것이다. 또 다른 교회를 생각해 보자. 이 교회에도 핵심 가치 중에 '성실'이라는 항목이 있다. 그런데 이 교회는 성실을 '자신이 담당한 일을 전문가처럼 해결하는 것'이라고 생각한다. 이 교회에서는 모든 봉사자들이 각자 맡은 업무를 탁월하게 처리하려고 노력할 것이다. 이와 같이 교회의 핵심 가치를 항목별로 선정하고 그 의미를 정리하여 교우들과 공유하면, 시간이 지나면서 그 가치에 따라 교회 공동체의 문화가 만들어진다.

1) 자신의 핵심 가치 탐색하기

교회의 핵심 가치를 선정하려면 먼저 자기 인생의 핵심 가치에 대해 생각해 보는 것이 중요하다. 핵심 가치는 당신이 살아가면서 중요하게 여기는 것들이다. 되고 싶은 그 사람이 되기 위해 가능한 한 지켜야 하는 것들이다. 기차를 타고 인생이라는 여정을 여행한다고 상상해 보자. 당신이 정한 '성숙한 그리스도인의 표상'이 여행의 목적지라면 핵심 가치는 그 목적지에 도달하는데 필요한 레일과 같다. 기차가 레일 위를 달려야만 목적지에 도달하듯, 당신이 온전한 사람으로 성장하기 위해서는 핵심 가치를 지켜야 한다. 당신의 핵심 가치는 무엇인가? 핵심 가치를 선정하는 데 도움이 되도록 다른 사람들의 핵심 가치를 소개해 보겠다.

먼저, 평생 주님 앞에서 온전함을 추구했던 벤자민 프랭클린의 13가지 핵심 가치이다. 그는 평생 다음과 같은 핵심 가치를 실천하기 위해 노력했다.

- 절제: 과음, 과식을 하지 않는다.
- 침묵: 자신과 타인에게 도움이 되지 않는 말을 하지 않는다.
- 질서: 물건을 제자리에 놓고 일은 알맞은 시간에 한다.
- 결단: 해야 하는 일은 꼭 완수한다.
- 절약: 비싼 것은 사지 않는다. 다른 사람과 자신에게 좋은 것이면 산다.
- 근면: 시간을 헛되이 쓰지 않는다.
- 성실: 남을 해치는 책략을 사용하지 않는다.
- 정의: 남의 권리를 침해하거나 남에게 손해를 입히지 않는다.
- 중용: 극단은 피한다.
- 청결: 몸, 옷, 집이 불결한 것을 절대 용납하지 않는다.
- 평정: 사소한 일에 화를 내지 않는다.
- 순결: 성을 남용하지 않고 건강과 생산을 위해 사용한다.
- 겸손: 예수와 소크라테스를 본받는다.

정진호는 『왜 그렇게 살았을까?』(IGMbooks)에서 다음과 같은 30가지 핵심 가치를 소개하고 있다.

- 자신의 정체성: 행복, 명예, 존중, 정직, 순수, 책임, 긍정
- 직장과 사회생활: 신뢰, 신중, 예의, 공정, 쾌락, 충성, 노력, 시간, 나눔
- 가족과 사랑: 배려, 용서, 부부애, 대화, 효도, 조화
- 희망찬 미래와 꿈: 부유함, 창조, 열정, 리더십, 지식, 인내, 능력, 도전

나도 이래저래 짜깁기해서 핵심 가치를 몇 가지 정리했다. 나는 책상과 수첩에 이 항목들을 붙여 놓았다가 기회가 되면 한 번씩 읽어 본다. 그리고 1년에 한두 번은 항목별로 정의한 내용을 다시 정리하는 시간을 갖는다.

- 사랑: 상대가 자기 자신이 될 수 있도록 돕기 위해 나의 성장에 집중한다.
- 침묵: 하나님의 음성을 경청하기 위해 삶의 여백을 창조한다.
- 경청: 상대의 마음과 생각을 이해하기 위해 주의 깊게 듣는다.
- 성실: 해야 할 일을 올바른 방법으로 꾸준히 한다.
- 정직: 법과 질서를 지키며 거짓말, 과장하는 말을 삼간다.
- 섬김: 사람과 공동체가 하나님의 소유가 되는 데 필요한 것을 지원한다.
- 절제: 필요한 것과 공급받은 것을 감사하게 누린다.
- 중용: 다양한 관점과 입장을 고려하며 마음을 가라앉히고 깊이 생각한다.
- 여유: 주변을 둘러보며, 예측하고, 계획하며 마음의 평화를 유지한다.
- 질서: 건강하고 성장하는 삶을 위해 내적, 외적으로 정돈된 생활을 한다.
- 자유: 하나님이 주신 꿈을 마음껏 상상하며 당당히 세상에 부딪힌다.

- 집중: 아쉬움과 두려움을 벗고 지금 여기에 몰입한다.
- 결단: 하나님 앞에서 고민하고 과감하게 선택한 후 책임진다.
- 신뢰: 사람과 상황은 나를 위한 하나님의 선물이라고 생각한다.
- 겸손: 하나님께서 나를 흙으로 만드셨다는 사실을 늘 기억한다.

이상의 핵심 가치 중에서 당신이 선호하는 단어 열 개에 동그라미를 표시하고, 다음 표의 왼쪽 칸에 기록하라. 나머지 왼쪽 칸에는 당신이 평소 마음에 두었던 가치들을 기록하라. 오른쪽 칸에는 그 단어에 대한 당신만의 개념을 설명해 보라. 당신의 핵심 가치를 선정하는 데 도움이 될 것이다.

핵심 가치	설명

2) 다른 교회 공동체의 핵심 가치 탐색하기

건강한 다른 교회의 핵심 가치를 살펴보면 자기 교회 공동체의 핵심 가치를 선정하는 데 도움이 된다. 교회의 핵심 가치를 알기 위해서는 해당 교회의 홈페이지를 방문하거나 교회에서 발행하는 문서를 살펴볼 수 있다. 해당 교회를 직접 방문하여 목회자에게 물어보는 것도 좋은 방법이다. 교회가 핵심 가치를 선정할 때, 교회의 존재 목적과 기능, 주요 사역, 담임 목회자가 중요하게 여기는 가치 등을 고려할 수 있다. 이제 몇몇 교회의 핵심 가치에 관해 살펴보겠다.

○○○교회는 교회의 존재 목적과 그 기능에 따른 핵심 가치를 선정한 대표적인 교회이다. 이 교회는 말씀에서 핵심 가치를 찾는다.

- 예배: "네 마음을 다하고 목숨을 다하고 뜻을 다하여 주 너의 하나님을 사랑하라"(마 22:37).
- 사역: "네 이웃을 네 자신 같이 사랑하라"(마 22:39).
- 전도: "가서 모든 민족을 제자로 삼아"(마 28:19).
- 교제: "세례를 베풀고"(마 28:19).
- 양육: "가르쳐 지키게 하라"(마 28:20).

이에 따라 이 교회가 선정한 핵심 단어는 다음과 같다.

- 선교(Mission): 전도를 통해 하나님 말씀을 전한다.
- 소속(Membership): 하나님의 가족을 교제로 끌어들인다.

- 성숙(Maturity): 제자훈련을 통해 하나님의 백성을 가르친다.
- 사역(Ministry): 봉사를 통해 하나님의 사랑을 나타낸다.
- 찬미(Magnification): 예배를 통해 하나님의 임재를 찬양한다.

○○○○○교회는 교회에서 중요하게 여기는 사역의 방향과 연관된 핵심 가치를 선정한 대표적인 교회이다.

- 신성한 가르침이 개인의 삶의 변화 및 교회의 변화를 위한 촉매제라고 믿는다.
- 잃은 자들이 하나님께 중요하며, 교회도 이들을 중요시해야 한다고 믿는다.
- 교회가 교리적으로는 순전함을 유지하며 문화적으로 뒤처져서는 안 된다고 믿는다.
- 그리스도를 따르는 자들은 진실함을 나타내며 지속적인 성장을 갈망해야 한다고 믿는다.
- 교회는 자신의 영적 은사를 관리하는 종들의 하나 된 공동체로 움직여야 한다고 믿는다.
- 사랑의 관계가 교회 생활의 모든 측면에 스며들어야 한다고 믿는다.
- 삶을 바꾸는 일이 소그룹에서 가장 잘 일어난다고 믿는다.
- 탁월함이 하나님을 높이며 사람들을 고무한다고 믿는다.
- 리더십의 은사가 있는 사람이 교회를 이끌어야 한다고 믿는다.
- 그리스도와 그의 일에 대한 완전한 헌신은 모든 신자들에게 당연한 일이라고 믿는다.

○○교회는 담임 목회자가 중요하게 여기는 것을 핵심 가치로 선정한 대표적인 교회이다.

- 경건한 예배: 하나님 앞에서 드리는 경건한 예배를 가장 중요한 가치로 생각하고 실천한다(조용한 예배 분위기, 예배 시간 엄수, 담임 목회자가 예배 인도, 예배 순서에 광고 제외 등).
- 주일의 안식일화: 온전한 주일성수를 통해 하나님의 주권을 인정하는 것을 중요한 가치로 생각하고 실천한다(주일은 가족이 함께 예배하는 날, 회의와 성경공부는 평일에 하고 주일에는 안식하기 등).
- 새벽 기도의 일상화: 신앙 경건 훈련을 위해 매일 새벽 첫 시간을 하나님께 드리는 것을 중요하게 생각하고 실천한다(특별 새벽기도, 부흥회 등은 하지 않기).
- 가정의 교회화: 부모가 신앙 교육의 주도권을 회복하고 발휘하여 가정을 교회화하는 데 가치를 둔다(주일 사역 간소화, 가정 신앙 교육 자료 제공 등).
- 종말론적 가치관: 종말론적 부활 신앙에 가치를 둔다(장례 문화 등).
- 비귀족화: 예수 그리스도를 머리로 하는 공동체 안에서 모든 지체가 계급을 초월한 관계를 맺고 있다고 믿는다(예배당에 장로석과 안수 집사 제도 부재, 간소한 임직 예식 등).
- 행정의 민주화: 모든 교인이 서로 동등한 관계에서 효율적으로 사역하는 것을 가치 있게 생각하고 실천한다(직분은 2년 단임제, 전직 회장이 평회원으로 복귀 등).
- 익명적 헌신: 섬김을 위한 수고와 헌신을 주변에 알리지 않는 것을 가

치 있게 생각하고 실천한다(감사장, 포상 자제. 봉사 활동에 대한 대사회 홍보 자제 등).
- 자원적 봉사: 자발적이고 자율적으로 그리스도의 몸 된 교회를 섬기는 것을 가치 있게 생각하고 실천한다(자발적 사역 참여, 다양한 공동체 모임 활성화 등).
- 복음 안에서 행복한 교인: 복음으로 말미암아 죄와 죽음을 이기고 자유롭게 하나님의 사랑을 누리는 행복한 교인의 삶을 가치 있게 생각하고 추구한다.

○○○교회는 단순한 사역 구조를 유지하기 위해 핵심 가치를 선정한 대표적인 교회이다. 이 교회가 중요하게 여기는 구조는 예배, 소그룹, 봉사이다. 이 교회의 핵심 가치는 다음과 같다.

- 최소성(Minimality): 단순하게 믿어라.
- 지향성(Intentionality): 전도 대신에 봉사하라.
- 현실성(Reality): 있는 모습 그대로 오라.
- 다중성(Multility): 소그룹과 예배를 밖으로 밀어내라.
- 신속성(Velocity): 작은 조각으로 민첩성을 유지하라.
- 확장성(Scalability): 화살표를 밖으로 향하게 하라.

○○○○○교회는 지역 공동체에 녹아들어 생존하는 사역 형태를 핵심 가치로 선정했다. 이 교회의 핵심 가치는 다음과 같다.

- 단순: 교회 구조를 단순화하고,
- 동거: 지역 공동체에 거주하고,
- 관계: 주민과 좋은 관계를 맺고,
- 소통: 지역 주민의 필요를 파악하고,
- 공존: 그들의 필요를 복음적으로 풀어내고,
- 공동체: 교회가 지역 커뮤니티의 허브 역할을 한다.

기타 다양한 공동체의 핵심 가치를 소개하면 아래와 같다.

- ○○교회: Grace, Going, Gift, Growth, Group
- ○○○○교회: 영혼 구원, 예배, 훈련, 봉사, 행복, 개척, 공동체
- ○○기업: 인재제일, 최고지향, 변화선도, 정도경영, 상생추구
- ○○기업: 정직, 열성, 창의
- ○○군대: 도전, 헌신, 전문성, 팀워크
- ○○군대: 충성, 의무, 존경, 봉사, 명예, 청렴, 용기

지금까지 건강한 다른 공동체의 핵심 가치를 살펴보았다. 이제 스스로 핵심 가치를 발견하는 연습을 해보자. 우선 지금까지 몸담았던 교회 공동체 혹은 평판이 좋은 교회들을 떠올려 보자. 그 교회의 이름을 다음 표의 왼쪽 칸에 차례대로 기록하라. 그 교회들의 장점을 가운데 칸에 기록하라. 마지막으로, 그 교회들의 장점들을 설명할 수 있는 단어를 임의로 선정하여 맨 오른쪽 칸에 기록하라. 이제 되었다. 당신은 공동체의 핵심 가치를 발견할 수 있는 안목이 생기기 시작했다.

교회 이름	마음에 드는 점	가치

3) 우리 교회 공동체의 핵심 가치 탐색하기

이제 당신이 소속된 공동체의 핵심 가치를 선정해 보자. 공동체의 핵심 가치를 선정하는 과정은 상당히 오래 걸린다. 공동체가 합의하는 과정, 다듬어서 성문화하는 과정이 오래 걸리고, 특히 항목별 개념을 구성원들이 공유하는 과정에서 수정이 불가피한 경우가 생긴다.

교회 이름을 붙여서 'OOO 스타일'이라고 말할 때가 있다. 어느 교회는 모임마다 30분 늦게 시작하는 것을 'OOO 스타일'이라고 한다. 어느 교회는 고등부 수련회 기간에 항존직이 간식을 들고 방문하는 것을 'OO 스타일'이라고 한다. 교회마다 성문화 되어 있지는 않지만 그들만의 독특한 문화가 있다.

당신의 공동체는 어떠한가? 사람을 대하는 태도와 일을 처리하는 방식 가운데 권장할 점과 개선할 점이 있는가? 당신은 공동체의 구성원들이 사람을 대할 때 혹은 일을 처리할 때, 무엇을 중요하게 여기기를 원하는가? 또 무엇을 삼가기를 원하는가? 다음의 표에 자유롭게 기록해 보라.

✽ 공동체의 핵심 가치 만들기 1

	사람을 대하는 태도	일을 처리하는 방식
권장할 것: 이렇게 하면 좋겠다		
삼갈 것: 이렇게 하지 않으면 좋겠다		

– 삼갈 것에 기록한 '…하지 않으면 좋겠다'를 '…하면 좋겠다'로 바꿔 보자. 예를 들어 "지각하지 으면 좋겠다"는 "조금 일찍 오면 좋겠다"로, "소외시키지 않으면 좋겠다"는 "함께하면 좋겠다"로 표현을 바꾸어 보자. 부정적인 표현을 긍정적인 표현으로 바꾸는 것이다.

* 공동체의 핵심 가치 만들기 2

핵심 가치	설명

논의 구조에 관한 이야기

모든 공동체에는 의사결정 '기구'와 '구조'가 있다. 기구라 하면 회의들을 말한다. 예를 들면 당회, 제직회, 공동의회 혹은 사역별 위원회, 연령별 대표자 모임 등이다. 구조는 구성원의 의견을 수렴하는 흐름을 말한다. 즉 전체 의견을 수렴하고, 공동체에 덕이 되도록 다듬고, 책임 있는 기구에서 결의하고, 그것을 공동체에 발표하는 과정을 말한다. 하나님 중심으로 교우들의 의견을 수렴하기 위해 기구를 세우고 구조를 명확히 할 때, 교회는 좋은 결정을 할 수 있고 문제를 해결할 수 있으며 갈등을 넘어설 수 있다. 이를 위해 당신은 전체 의견을 수렴하는 회의, 안건을 다듬는 회의, 결정하고 책임지는 회의 등을 만들고 운영해야 한다. 그리고 그 회의 때마다 적절한 안건이 논의되고, 그 과정에서 구성원들의 마음과 생각이 공유되도록 해야 한다.

당신은 회의를 운영하는 일에 익숙한가? 안건을 상정하고, 그에 대한 사람들의 생각이 공유되는 과정이 편안한가? 문제를 공론화하고 해결해 가는 과정을 감당할 수 있는가? 구성원들의 의견을 고려해서 결정한 내용을 교회에 발표할 때 즐거운가, 아니면 회의 시간과 안건 내용을 기억하는 것조차 버거운가? 이제 당신에게 익숙한 논의 구조에 관해 살펴보자.

1) 자신에게 익숙한 의사결정 구조

자신에게 익숙한 논의 구조를 찾기 위해서는 당신이 성장하면서 경험한 논의 구조를 살펴보는 것이 도움이 된다. 어릴 때 당신의 가정에는 어떤 논의 구조가 있었는가? 일상의 일들을 결정할 때, 중요한 일을 결정할 때, 문제를 해결하거나 갈등을 넘어서기 위해 무언가를 선택해야 할 때 당신의 가정에서는 어떻게 했는가?

어떤 가정에는 가족 모임이 있다. 가정 예배, 가족 회의, 가족 모임 등이 정기적 혹은 비정기적으로 이루어진다. 그 모임에서 가족은 일상의 일과 중요한 일에 대한 결정을 한다. 가족 구성원 간에 생각과 느낌을 나누는 것이 익숙하다. 권위자인 부모가 문제를 공론화하면, 가족 모두가 그 문제를 해결할 수 있는 방안을 논의하고 서로 책임을 나누어 진다. 갈등이 발생하면 권위자가 마련한 자리에서 서로의 입장을 이야기한다. 권위자의 중재 아래 현실적인 문제와 정서적인 부담을 풀어낸다. 가족 구성원들은 각자 독립적이고 자율적이면서도 서로 연대감이 있고 협력을 추구한다.

어떤 가정에는 가족 모임이 없다. 가정 예배, 가족 회의, 가족 모임이 없다. 각자 알아서 생존해야 한다. 일상의 일뿐만 아니라 중요한 일도 함께 결정하지 않는다. 서로의 생각과 느낌을 나누는 것이 어색하다. 일이 흘러가는 대로 놔둔다. 문제가 생겨도 공론화하지 못한다. 심지어 문제가 없는 것처럼 행동한다. 그래도 현실의 문제를 해결해야 하기 때문에 가족 구성원 중 누군가가 희생양이 된다. 희생양은 아버지가 될 수도 있고 어머니가 될 수도 있다. 장남이나 장녀가 될 수도 있다. 갈등이 일어나면 이를 다루지 못한다. 권위자의 미성숙한 개입으로 갈등은 겉으로 중단된 듯 보이지만 갈등 요소가 당사자 간의 관계 속으로 숨어 든다. 가족 구성원들은 각자 의존적이고 수동적이면서도 서로 과하게 밀착되어 있다.

당신은 어떤 논의 구조에 익숙한가? 다음의 표에 표시해 보라.

정기 모임	있다	없다	기타(비정기)
생각과 마음	나눔이 익숙함	나눔이 어색함	나눌 수 없음
갈등 해결 방법	권위자		당사자	
	성숙한 중재	미숙한 개입	갈등 해소	갈등 증폭
문제 관련 정보	가족 공유	일부 독점	정보에 따라
문제 해결 방법	가족 동참	일부 책임	문제에 따라

공동체에서는 정기 모임을 통해 서로의 생각과 마음을 나누고, 일상의 선택을 미루어서는 안 된다. 문제는 공론화하고, 해결 방안은 활발히 논의하며, 책임은 다 함께 나누어 져야 한다. 갈등을 방치해서는 안 되고, 권위자의 중재 아래 당사자 간에 해소해야 한다. 당신은 공동체의 논의 구조를 통해 이런 흐름을 만들어야 한다.

하지만 그런 가정에서 자란 사람이 몇이나 되겠는가? 우리의 부모들은 자신의 생존과 가족의 생계를 위해 최선을 다했다. 우리는 모두 부족한 사람들이고 주님의 은혜 안에서 보완되어야 한다. 우선 가정에 정기 모임이 없었던 사람은 회의 일정을 정하고 지키는 일이 자연스러워질 때까지 노력해야 한다. 단순하다. 정하고, 공지하고, 기억하고, 참여하면 된다. 그렇게 하다 보면 차츰 나아진다.

가정에서 생각과 느낌을 나누는 것이 자연스럽지 않았던 사람이 대부분일 것이다. 만약 당신이 성장하면서 교회 공동체 안에서 소그룹 모임에 참여해 온 사람이라면 이런 문제는 거의 극복했을 가능성이 크다. 그럼에도 불구하고 모임에서 자신의 의견을 이야기할 때 긴장될 수 있다. 발언한 후에도 '다른 사람들이 내 말을 어떻게 생각할까?'라고 과도하게 고민하는 경우도 있다. 우선 다른 사람들이 당신에 대해 그다지 심각하게 신경 쓰지 않는다는 사실을 상기할 필요가 있다. 설령 실수를 한다고 하더라도 당신이 평소에 비교적 잘 해왔기 때문에 실수는 곧 만회된다는 사실도 잊지 말자. 평소에 숲 속을 거닐고 침묵의 시간을 가지며 마음의 중심을 차분하게 가라앉히는 습관을 갖는 것도 좋다. 그러면 생각과 마음을 다른 사람에게 자연스럽게 표현하는 데 도움이 된다.

가정에서 갈등과 문제에 직면하기를 회피해 온 사람이 있다. 그런 상황을 마주하는 것은 누구에게나 불편한 일이다. 선택하고 책임지는 것이 부담스럽기 때문이다. 선택을 미루면 상황과 상대방의 의도에 끌려가게 된다. 그러면 어린아이처럼 환경과 다른 사람 탓을 하기가 쉽다. 어른은 선택의 순간에 책임질 줄 아는 사람이다. 바르게 선택하기 위해 공부하는 게 아닌가. 책을 읽고 연구하는 게 아닌가. 경험 많고 지혜로운 사람들을 찾아가 자문을 구하는 게 아닌가. 최선의 선택이 무엇인지 알기 위해 고민하지 않는가. 당신이 모르면 교우도 모른다. 당신이 하지 않으면 교우도 하지 않는다.

가정에서 권위자의 적절한 돌봄을 받지 못하고 자란 사람이 있다. 그런 사람은 사랑받고 싶어서 사람들에게 과도하게 잘하려고 한다. 인정받고 싶어서 사람들의 요구를 거절하지 못한다. 사람들이 상처받을까 봐 걱정되어 해야 할 말을 하지 못한다. 그러다 나중에는 모든 책임을 혼자 짊어지고 끙끙거리다 지치거나 분노한다. 한편, 지나친 배려와 과보호를 받는 사람은 성장하지 못한다. 너무 착한 사람 곁에 있으면 미묘한 죄책감이 들 수도 있다. 좋은 리더는 인정받는 리더가 아니라 할 일을 하는 리더이다.『미성숙한 사람들의 사회』(추수밭)의 저자인 미하엘 빈터호프는 호의적이란 "질서 안에서 일관성이 있어 예측 가능한 태도"라고 말한다.

당신은 회의를 마치면 과도한 책임감 때문에 할 일을 한아름 안고 나오는 사람은 아닌가? 공동체의 구성원들에게 질문하라. "우리 이 일을 함께 처리합시다. 어떻게 하고 싶으세요? 어떻게 해야 할까요?"

2) 공동체의 의사결정 구조에 관한 이야기

당신이 소속된 공동체의 논의 구조는 어떠한가? 의사결정 기구와 구조는 어떠한가? 공동체에서 의견 수렴을 어떤 방식으로 하는가? 어떤 과정을 거치는가? 의견을 수렴하는 기구에는 무엇이 있는가? 이제 하나씩 살펴보자. 우선 전체 구성원의 의견을 수렴하는 기구는 무엇인가? 그 기구에서 수렴된 의견을 검토하고 실현 가능성을 살피는 기구는 무엇인가? 모든 것을 결의하고 책임지는 기구는 무엇인가?

의견 수렴 범위	기구 명칭	모임 주기	의견 수렴 방식
전체 구성원			
책임 있는 구성원			
책임지는 구성원			
기타			

다음세대 담당자가 공동체의 토양을 이해하는 것이 중요하다

다음세대를 담당하는 목회자라면 당신이 속한 교회 공동체의 토양을 바르게 이해하는 것이 중요하다. 당신이 담당하는 부서와 학생들도 같은 토양에서 자라고 있을 것이기 때문이다. 당신과 동역하는 교사들은 비교적 교회에 대한 애정과 이해가 깊을 것이다. 그들은 당신이 담임 목회자의 목회 철학을 이해하고 있는지, 교회 공동체의 토양을 존중하는지에 대해 관심을 가지고 있다.

다음세대 담당 목회자가 교회 공동체의 토양을 이해하는 데 도움이 될 만한 몇 가지 관점이 있다.

첫째, 담임 목회자의 신학적 성향에 대한 이해이다. 지역교회는 각 교단과 역대 담임 목회자의 신학의 성향에 따라 교우들의 신앙적 관점과 삶의 태도에 차이를 보인다. 교단 신학교에서 신학 수업을 받은 담임 목회자가 매주 선포하는 설교에는 그의 신학과 신앙 성향이 담겨 있기 때문이다. 요즘은 교파와 교단의 구분이 사라지고 있는 것이 추세이지만, 교회가 속해 있는 교단의 신학적 성향을 살피고, 담임 목회자의 신학적 성향이 어떤지 살펴보는 것이 좋다.

담임 목회자는 자신이 발견한 하나님의 이미지를 자신이 이해하는 사람의 이미지가 투영된 교우들과 공유하기 위해 노력한다. 그러므로 다음세대 담당 목회자는 담임 목회자의 '하나님 이해'와 '인간 이해'에 관해 알아야 한다. 담임 목회자의 설교를 매주 경청하는 교우들의 내면에 그려지는 하나님에 대한 이미지가 어떤지 살펴볼 수 있다. 무서운 하나님, 준엄하고 돌보시는 하나님, 부드럽고 수용적인 하나님, 방목하시는 하나님….

담임 목회자가 인간을 어떻게 바라보는지도 살펴볼 수 있다. 전적으로 타락한 악한 존재로만 보는가? 전적으로 타락했지만 예수 그리스도의 보혈의 은총으로 회복의 가능성이 활짝 열린 존재로 보는가? 하나님을 닮아 자체적으로 무한한 가능성이 있는 존재로 보는가? 담임 목회자의 하나님 이해와 인간 이해는 교회 공동체의 토양에 큰 영향을 미친다.

둘째, 새로운 문화에 대한 교회 공동체의 태도이다. 새로운 것을 받아들이는 것에 대해 오랜 고민과 합의 과정을 거쳐 결정하는 교회는 좋은 의미에서 보수적이다. 비교적 합리적인 합의 과정을 거치면 바로 시행하는 교회는 중도적이다. 그리고 새로운 제안에 대해 우선 신속히 시행하는 교회는 개방적이다.

다음세대 사역을 하면서 무엇인가 새로운 시도를 하려고 할 때, 보수적인 교회에서는 교우들의 의견을 듣고 신중하게 제안하며, 정식으로 제안한 후에는 결정될 때까지 기도하며 기다리는 것이 좋다. 중도적인 교회에서는 제안할 때, 충분히 설명할 뿐만 아니라 성숙한 교우들과 다음세대 목회에 대한 생각과 마음을 평소에 많이 나누는 것이 좋다. 개방적인 교회에서는 여러 가지 방안을 제안하고 공동체가 결정하고 받아들이는 것을 시행하되 다양한 변수에 대비하는 사역 태도를 갖출 필요가 있다.

셋째, 구성원의 전반적 상황에 대한 이해이다. 신앙 성향, 정치 성향, 경제 수준, 교육 수준, 연령 분포, 남녀 성비, 출석 형태, 신앙 형태 등을 살펴볼 수 있다. 이를 위해 교회 역사가 담긴 자료를 일독할 것을 권한다. 해당 지역의 역사와 문화 등이 담긴 구지를 살펴보는 것도 좋다. 구지는 해당 구청에 가면 볼 수 있다.

이제 다음의 표에 당신이 속한 공동체의 구성원에 해당하는 바를 표시해 보라(참고로 '출석 형태'는 가족이 함께 출석하는 교우와 혼자 출석하는 교우를 구분한 것이다. '신앙 형태'는 신앙을 가진 계기와 관련된 항목으로서 모태 신앙 교우인지, 누군가에게 전도를 받아 신앙을 갖게 된 교우인지를 구분한다).

항목	구성원의 분포				
교회 출석	방문자(　%)		정착자(　%)		헌신자(　%)
신앙 정도	일반인(　%)		종교인(　%)		신앙인(　%)
신앙 성향	보수(　%)		중도(　%)		진보(　%)
연령 분포	0-20세 (　%)	21-30세 (　%)	31-40세 (　%)	41-50세 (　%)	51-70세 (　%) ／ 71세 이상 (　%)
교육 수준	상(　%)		중(　%)		하(　%)
경제 수준	상(　%)		중(　%)		하(　%)
정치 성향	보수(　%)		중도(　%)		진보(　%)
남녀 구성	남성(　%)		여성(　%)		
출석 형태	가족 단위(　%)		개인 단위(　%)		
신앙 형태	모태 신앙(　%)		전도받음(　%)		
목회 중점 대상	다음세대(　)		성인(　)		노인(　)
목회 중점 영역	교우(　)		지역 주민(　)		세계 시민(　)
기타					

　　마지막으로 당신이 담당하는 다음세대 부서의 토양을 살펴보자. 당신이 속한 교회 공동체의 토양에 어울리는 부서의 핵심 가치와 논의 구조를 다음의 표에 정리해 보라.

✳ 핵심 가치

항목	설명

* 논의 구조

협의 기구 (명칭)	공동체 전체		공동체 리더		핵심 리더	
문제 해결	문제 유무		관련 정보		해결	
	인정	불인정	공유	독점	공동 책임	소수 책임
갈등 해결	갈등 요인		의사 표현		해결	
	인정	불인정	가능	불가능	중재	방치

3장. 동역자 관계 가꾸기

내가 장석교회 대학부 시절이었을 때, 담당 교역자는 박상진 전도사님이었다. 그는 지금 장로회신학대학에서 기독교교육을 가르치신다. 당시 그는 우리를 예수 그리스도에게 인도하고, 말씀을 가르치고, 성숙한 삶으로 초대하고, 하나님나라에 쓰임받도록 안내했다. 우리는 그를 무척 존경하고 좋아했다. 지금도 그에 대해 이야기하고 종종 찾아가기도 한다. 우리뿐만 아니라 교회 어른들도 그를 존경하고 좋아했다. 그분들 중에 지금도 그와 좋은 관계를 유지하는 사람들이 많다. 나는 박상진 목사님을 통해 신앙 안에서 우정을 가꾸어 가는 것에 대해 힌트를 얻는다.

나도 'NECTAR'(NEt-work for Christian TeeAgers' Revival)에서 함께 일했던 간사들과 지금도 우정을 가꾸어 가고 있다. 한두 달에 한 번씩 만나 맛있는 것을 함께 먹고 수다를 나눈다. 소망교회에서 동역했던 목회자들과 교사들과도 마찬가지이다. 여전히 좋은 관계를 맺고 우정을 가꾸어 가고 있다. 나는 '다.세.연.'과 '숲속샘터'에서 동역하는 사람들을 가족이나 친구라고 생각한다. 우리는 삶의 많은 것을 공유하고 날마다 생각과 마음을 나누고 있다. 함께 하나님을 예배하고, 생활과 내면의 문제를 놓고 기도하며, 성경을 펼쳐 말씀을 배우고 있다. 우리는 서로 다르지만 서로를 이해하고 배우며 함께 자라나고 있다. 앞으로 우리는 훨씬 더 많은 것을 누리게 될 것이다.

동역자와 우정 가꾸기

스탠 톨러는 『친구』(위즈덤하우스)라는 책에서 이런 이야기를 들려준다. 조라는 젊은이가 있다. 그는 유능하고 열정적이며 지금까지 승승장구했다. 그러던 어느 날 뭔가 중요한 것이 빠져 있다는 느낌을 갖는다. 그 후로 그의 일상에 그림자가 드리운다. 업무와 관계 속에 크고 작은 문제가 끊임없이 일어난다.

친구가 조에게 맥을 소개한다. 맥은 중년의 신사인데 뉴욕에서 카페를 운영한다. 그는 카페에 찾아온 조에게 커피를 대접하면서 질문한다.

"자네는 커피가 어떤 맛이라고 생각하나?"

조가 대답한다.

"글쎄요. 잘 모르겠네요. 구수한 맛 같기도 하고, 신맛도 좀 나고, 달콤한 느낌도 있고요. 어떤 맛이라고 정확히 정의할 수가 없네요."

맥이 말한다.

"바로 그게 정답이네. 볶은 커피 원두에는 약 800가지의 성분이 들어 있지. 이런 성분들이 복잡하게 얽혀서 커피의 향과 맛을 끌어내는 거네."

조가 다시 묻는다.

"그럼 블렌딩은 그걸 다시 섞는 거니까 더 복잡해지는 것이군요."

맥이 고개를 가로저으면서 대답한다.

"아니라네. 단점을 보완하며 조화를 이루는 쪽이라고 할 수 있지. 신맛이 모자라면 다른 커피를 섞어 신맛을 보강하고, 향이 부족하면 그것을 채워 주는 방식이지. 커피가 섞이면 조화로운 맛과 향을 만들어 내고, 사람이 어우러지면 행복과 성취를 만들어 내지. 아름답고 의미 있는 삶은 친구들과 어우러지면서 만들어지는 거라네."

당신은 함께 일하는 사람들을 어떤 관점으로 바라보는가?

나는 후배들이 이렇게 말하는 것을 들으면 당황스럽다. "우리 부서의 부장님은 목회 영역을 넘나드세요. 행정을 책임지겠다고 하시는데 행정도 목회 영역이 아닌가요? 당신 마음대로 하고 싶어 해서 너무 힘들어요. 저뿐만 아니라 다른 교사들도 모두 힘들어 해요. 자신이 우리 부서를 얼마나 힘들게 하는지 잘 모르시나 봐요."

이렇게 말하는 것을 들어도 당황스럽기는 마찬가지이다. "우리 부서의 총무 선생님은 자기가 전도사예요. 모든 일을 자기 마음대로 해요. 조심스럽게 '왜 그렇게 하셨어요?'라고 물어보면, '원래 10년 전부터 그렇게 했다'고 해요. 그러면서도 제가 뭘 하나 부탁하면 꼼짝도 안 해요. 왜 그럴까요?"

이렇게 말하는 경우도 마찬가지이다. "우리 교회 선생님들은 열정이 없어요. 도대체 영혼을 사랑할 줄 모르는 것 같아요. 아이들이 교회에 나오지 않아도 연락도 안 해요. 뭔가 하자고 하면 귀찮아 해요. 다 해 봤다고, 해도 안 된다고 하면서요. 어떻게 하면 선생님들의 열정을 불러일으킬 수 있을까요?"

남 얘기가 아니다. 나는 장석교회에서 처음 사역을 시작했다. 부서의 부장 장로님은 내 친구 아버지였고, 교사들은 내가 어릴 적 선생님이거나 선배들이 대부분이었다. 나는 그분들에게 나의 생각을 이야기할 때 '하나님의 뜻'을 언급했고, 내가 기획한 행사에 적극 참여해 달라고 권했으며, 각자 맡은 부분에 대한 계획을 내가 제시한 방식에 준해서 기획 문서로 제출하도록 했다. 지금 생각해 보면 아찔하다. 대부분 신앙의 선배들이었는데 좀더 겸손하게 배우면서 사역을 했어야 하지 않았을까? 반성한다.

젊은 시절 나를 비롯해 많은 목회자가 자신이 하나님의 뜻을 이루는 중심에 서 있다고 생각한다. 모든 교사는 교역자의 의중을 파악하고 열심히 따라야 한다고 생각한다. 이와 같은 생각에 동의하지 않거나 따르지 않는 사람들에 대해서는 몹시 부담스럽게 생각한다. 우리가 주변 사람들을 지나치게 기능적으로 대하는 것은 아닌지 걱정스럽다.

사람은 영적인 존재이다. 서로의 의식은 교류된다. 부서 운영이 어려운 것이 교사 때문이라고 여기는 목회자가 있다고 생각해 보자. 어쩌면 교사는 목회자 때문에 부서 운영이 어렵다고 생각하고 있을는지도 모른다. 나는 목회자가 부서를 돌보는 것이 아니라 부서가 목회자를 돌본다고 생각한다. 목회자가 교회를 인내하며 기다릴 때도 있지만, 교회가 목회자를 인내하고 기다릴 때가 훨씬 더 많다. 교회는 그리스도의 몸, 하나님 아버지의 품이니 말이다.

소망교회 고등부 부장이었던 나석환 장로님께서 한번은 이런 이야기를 하셨다. "목사님, 저는 은행 지점장을 다섯 번 한 적이 있습니다. 그 당시 우리 지점이 실적에서 전국 1위를 두 번 했습니다. 1위 할 때 제게 공통점이 하나 있었지요. 직원들이 그렇게 예뻐 보일 수 없었습니다. 그냥 다 예뻐 보였습니다. 일하는 모습도 예쁘고, 졸아도, 놀아도, 실수해도, 심지어 고객과 언성을 높이며 싸워도 예뻐 보였습니다. 목사님, 목사님은 우리 교사들이 예쁘시지요?"

조금 부끄러웠다. 교사들을 좋게 보려고 노력했지만 그토록 예쁘게 바라보지는 못했기 때문이다. 꼭 성과 때문이 아니라 사람을 어떤 눈길로 바라봐야 하는지 크게 깨닫는 계기가 되었다.

1) 자신과 우정 가꾸기

자기 자신을 잘 대하는 사람이 다른 사람도 잘 대할 수 있다. 자기 자신과 우정을 가꾸어 가는 사람이 다른 사람과도 우정을 가꾸어 갈 수 있다. 맥을 기억하는가? 스탠 톨러의 『친구』에 등장하는 인물이다.

맥이 조에게 질문한다.

"자네는 좋은 커피를 만드는 데 가장 중요한 요인이 무엇이라고 생각하나?"

조가 대답한다.

"글쎄요. 너무 막연한데요."

그러자 맥이 다시 말한다.

"좋은 토양이라네. 흙은 생명의 근원이지. 특히 커피나무는 수분에 매우 민감하다네. 흙에 수분이 너무 많으면 가지만 잘 자라고 열매가 작아지는 경향이 있고, 수분이 너무 적으면 잘 자라지 못해 병에 걸리기 쉽지."

맥은 조가 고개를 끄떡이는 것을 보면서 말을 이어간다.

"자네에게 자신을 어떻게 생각하는지 물은 적이 있지?

"예, 물어보셨죠."

"자기 자신에 대한 느낌, 그게 바로 자네의 토양이라네. 마음이지. 그 토양을 제대로 관리해 주지 않으면 어떻게 되겠나? 성장이 멈추거나 열매가 열리지 않을 거야. 결국 좋은 결실을 내려면 먼저 자기 자신과 좋은 관계를 맺어야 한다는 말이네."

당신은 자신에 대해 어떻게 생각하는가? 당신은 어떤 사람인가? 당신은 무엇을 좋아하고 무엇을 잘하는가? 그런 자신이 마음에 드는가? 혹시 마음에 들지 않는 점이 있는가? 그럼에도 불구하고 당신은 자신이 마음에 드는가? 그렇다면 나도 당신이 마음에 든다. 내가 나를 좋아하지 않는데 누가 나를 좋아하겠는가? 내가 나 자신과 함께 있는 것이 불편한데 누가 나와 함께 있을 때 편안함을 느끼겠는가?

자! 이제 자기 자신을 만나 보자. 자신의 인생을 스스로 돌아보는 시간을 가지자. 다음의 표에 지나온 당신의 인생 그래프를 그려 보라. 전에도 해본 경험이 있을 것이다.

※ 나의 인생 그래프 그리기

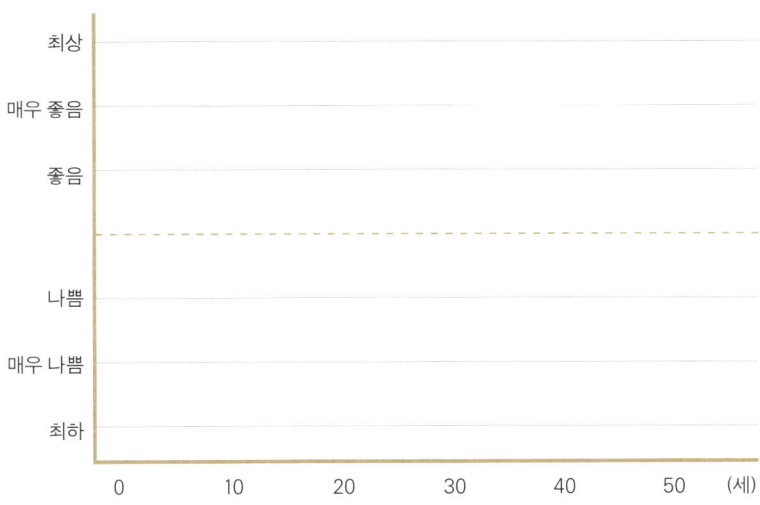

- 가장 즐겁고 행복했던 시절은 언제였는가? 그때 무슨 일이 있었는가?
- 가장 슬프고 우울했던 시절은 언제였는가? 그때 무슨 일이 있었는가?
- 열 살이 될 때까지 어디서 무엇을 하면서 살았는가? 무엇을 어떻게 할 때 행복했는가? 그때의 느낌과 생각이 기억나는가?
- 스무 살이 될 때까지 어디서 무엇을 하면서 살았는가? 무엇을 어떻게 할 때 행복했는가? 그때의 느낌과 생각이 기억나는가?
- 서른 살이 될 때까지 어디서 무엇을 하면서 살았는가? 무엇을 어떻게 할 때 행복했는가? 그때의 느낌과 생각이 기억나는가?

- 마흔 살이 될 때까지 어디서 무엇을 하면서 살았는가? 무엇을 어떻게 할 때 행복했는가? 그때의 느낌과 생각이 기억나는가?

당신은 언제 행복을 느끼는 사람인가? 누구와 무슨 일을 어떤 식으로 할 때 행복을 느끼는가? 일상과 업무와 관계 속에서 그런 행복을 누릴 수 있는 환경을 마련하기 위해 주의를 기울이는가? 자신이 행복을 누릴 수 있도록 스스로를 배려하는가? 자신이 언제 불행하다고 느끼는가? 당신을 힘들게 했던 사람은 누구인가? 당신을 고통스럽게 했던 환경은 무엇인가? 당신을 괴롭혔던 사건들은 무엇인가? 당신은 그 사람들과 사건들, 환경에 대한 부담감에서 벗어났는가? 그 속에서 무력하게 방치되었던 어린 시절의 자신에 대한 연민과 모든 것을 합력하여 선을 이루시는 하나님의 주권에 대한 신뢰로 내면을 정돈했는가?

당신은 스스로를 존중하는가? 자신의 행복을 위해 자신에게 필요한 것을 가까이하려고 노력하는가? 자신에게 불필요한 것을 멀리하려고 노력하는가? 자신의 필요를 알고 구체적으로 챙기기 시작할 때 당신은 존중받는다는 느낌을 갖게 될 것이다. 그리고 자신에 대해 좋은 느낌이 들기 시작할 것이다. 이러한 경험은 다른 사람과 관계를 맺고 우정을 가꾸어 가는 데 도움이 된다.

2) 당신은 우정을 어떻게 가꾸는가?

친구는 소중한 보물이다. 소중하게 간직하다가 가끔 꺼내 보는 보물과 같다. 친구는 하늘이 보낸 선물이다. 어느 날 갑자기 나타나 의도하지 않았는데 친구가 되어 있으니 말이다. 당신에게도 좋은 친구가 있을 것이다. 당신은 그 친구를 어떻게 만났는가? 그 친구에게 호감을 표현하기 위해 어떻게 했는가? 이제 당신의 우정에 대해 들려주기 바란다. 다음의 표에 기록해 보자.

먼저 친구가 된 계기와 서로에게 베풀었던 호의를 생각해 보라.

이름	처음 만난 계기	서로에게 베풀었던 호의

우정을 가꾸기 위해 친구와 함께했거나 하고 있는 일은 무엇인가?

	이름	밥, 차	운동	전화, 문자	편지	선물	여행	가족 모임	찜질 방	산책	등산	기타
과 거												
현 재												

3) 교회 공동체 안에서 우정을 어떻게 가꾸어 갈 것인가?

당신은 평생 교우들과 동행한다. 교우는 말 그대로 신앙의 길을 함께 걸어가는 친구이다. 목회자, 장로, 권사, 집사 그리고 처음 교회에 방문했거나 정착하려고 애쓰는 사람들 모두가 교우이다. 당신은 교우와 우정을 가꾸어 간다. "우리는 사이가 좋다"라는 말은 "당신과 나 사이에 좋은 것이 있다"는 뜻과 같다. 우정이란 건강한 거리를 두고 건강한 관계를 맺으며 서로 간에 좋은 것들로 채워 가는 것을 말한다.

서로 간에 좋은 것이 가득 들어찬 것을 한마디로 '신뢰'라고 한다. 스티븐 코비의 아들인 스티븐 M. R. 코비는 『신뢰의 속도』(김영사)에서 "높은 신뢰는 속도를 낳는다"라고 주장한다. 신뢰가 형성된 관계는 불신에서 비롯된 불필요한 확인 절차와 혹시 모를 배신에 대처할 장치를 마련하느라 소모되는 시간과 재정을 현저히 줄일 수 있다. 상호 간의 신뢰는 따뜻하고 섬세한 정서적 배려와 정직하고 성실한 업무적 협력을 기초로 형성된다. 즉 사람 사이에 좋은 것을 두는 것이다. 이것이 바로 우정이다.

당신은 어떠한가? 목회자는 대부분 한때 교회 공동체에서 주목을 받았던 경험이 있을 것이다. 종교심이 많아서 종교 행위와 활동에 열심을 냈거나, 하나님에 대한 목마름이 깊어서 모든 모임에 참석했거나, 사람들이 좋아서 배려하고 살피는 일에 익숙했거나, 공동체에 대한 감각이 있어서 구성원들을 두루두루 챙기고 봉사했을 것이다. 그래서 공동체에 노출되는 횟수가 늘어나고, 교우들이 당신을 바라보며 목회자 감이라고 생각했거나 그렇게 말했을 것이다. 나의 경우도 거의 비슷하다.

어느새 나는 공동체의 주목을 받게 되었다. 나는 교우들을 볼 때마다 밝게 인사를 했다. 나중에는 교우들이 나를 볼 때마다 밝게 인사를 건넸다. 사람들이 나를 좋아한다는 느낌이 좋았다. 교우들이 나에게 이것저것을 부탁했다. 나는 그것을 주님의 명령이라고 믿고 열심히 했다. 일은 점점 많아지고 부담감도 점점 늘어났다. 새로운 교우가 오면 사람들이 나에게 데려왔다. "이분이 우리 교회 청년부 회장이에요. 얼마나 좋은 분인지 몰라요. 인사하세요." 나는 그런 인사를 받는 데 익숙해졌다. 어느새 공동체의 중심에 머무는 느낌을 즐기기 시작했다. 당신은 어떠한가?

목회자들은 중심에 머무는 느낌, 주목받는 느낌, 인정받는 느낌에 익숙해지기 쉽다. 그러면 우정을 가꾸기 위해 먼저 수고하는 것이 어색해진다. 그러나 건강한 믿음의 공동체를 이루며 살아가기를 원한다면 교우와 우정을 가꾸기 위해 노력해야 한다. 교우와 우정을 가꾸는 것이 영 어색하다면 당신에게 익숙한 방식을 추천하고 싶다. 다음의 표를 활용해 보라. 교우에는 목회자, 장로, 권사, 집사, 교회 정착을 위해 애쓰는 사람들 모두가 포함되지만, 여기에서는 목회자를 교우 그룹에서 따로 구분했다. 앞으로도 편의상 그렇게 하겠다.

교회 안에서 관계를 맺고 우정을 가꾸기 위해 무슨 일을 할 수 있겠는가?

	이름	밥, 차	운동	전화, 문자	편지	선물	여행	가족 모임	사역	기타
목회자										
교우										
기타										

우정을 기초로 동역자와 관계 맺기

이제 목회자들에 관한 구체적인 이야기를 나누어 보자. 특히 다음세대의 목양을 담당하는 교육부 이야기를 나누고자 한다. 교육부를 담당하는 목회자의 업무 형태는 다양하다. 첫째, 담임 목회자가 직접 맡는 경우이다. 규모가 작은 교회에서는 거의 이런 형태를 보인다. 물론 규모가 크더라도 담임 목회자의 특별한 의도에 따라 그렇게 하는 경우도 있다. 둘째, 부교역자가 담당하는 경우이다. 교회의 규모가 중·대형일 경우가 이에 해당한다. 이 경우도 두 가지로 구분된다. 교육부만 전담하는 경우와 교구 담당자로서 행정적으로 교육부를 맡고 있는 경우이다. 셋째, 담당자가 없는 경우이다. 행정상 교육부의 책임을 맡은 사람은 없지만 선배 혹은 연장자가 암묵적으로 담당하는 경우이다. 마지막으로, 목회자가 아닌 교우가 담당하는 경우이다.

1) 교육 디렉터와 다음세대 부서 담당자의 역할

이제부터 교육부 담당자를 편의상 '교육 디렉터'라고 부르겠다. 교육 디렉터는 교회교육의 방향성을 제시하고 제반 행정에 대해 책임을 진다. 다음에서 그 구체적인 내용을 살펴보자.

① **담임 목회자의 목회 철학 이해와 공유**
교육 디렉터는 담임 목회자의 목회 철학을 바르게 이해해야 한다. 담임 목회자가 제시하는 성숙한 그리스도인의 표상을 구체적으로 알고,

담임 목회자가 선택한 목회 방식을 바르게 이해해야 한다. 교육 디렉터는 자신이 이해한 담임 목회자의 목회 철학이 교회교육 현장에 실현될 수 있도록 한다. 유아부, 유치부, 어린이부, 청소년부, 청년부 담당 목회자가 담임 목회자의 목회 철학을 이해할 수 있도록 도와야 한다(부서 담당 교역자가 없을 경우에는, 해당 부서의 교육을 책임지는 교사가 담임 목회자의 목회 철학을 이해할 수 있도록 해야 한다. 교육 디렉터가 없을 경우에는, 담임 목회자가 직접 그 역할을 한다). 그리고 그 목회자를 통해 담임 목회자의 목회 철학이 해당 부서의 교사와 부모 그리고 학생들에게 전달될 수 있도록 한다.

다음세대 부서를 담당하는 목회자의 역할도 이에 준한다. 교육 디렉터에게 전달받은 담임 목회자의 목회 철학을 부서 교사가 이해하고 수용할 수 있도록 돕는다. 아울러 담임 목회자의 목회 철학이 교사를 통해 학생과 부모에게 전달될 수 있도록 돕는다.

부교역자들은 담임 목사의 목회 철학이 무엇인지 알기 어렵다고 말하는데, 여기에는 두 가지 이유가 있다. 첫째, 담임 목회자가 하나님나라 운동과 구령 사업에 매진하느라 자신의 목회 철학을 정립하거나 그에 따라 교회 방향과 구조를 세우는 일에 힘을 쏟지 못했기 때문이다. 둘째, 담임 목회자가 많은 사람의 의견과 필요를 고려해야 하는 상황에서 자기 주관대로만 목회하기가 어렵기 때문이다. 한 교단에서 주최하는 세미나에 참석했을 때, 어느 담임 목회자에게서 솔직한 고백을 들었다. "저도 목회 철학이 있습니다. 목회 철학에 따라 소신 있게 말하고 실행할 때도 있습니다. 하지만 교회 내부적으로 필요와 의견이 있을 때 그것을 외면하기가 어렵습니다. 교회 외부에서 들어오는 수많은 요구와 의견도 외면할 수 없지요. 그러니 우리 교회 부교역자들의 눈에는 제가 아마도 이랬다저랬다 하는 목사로 보일 수밖에 없을 것입니다."

② **연령별 성숙한 학생의 표상 이해**

교육 디렉터는 담임 목회자가 제시하는 성숙한 그리스도인의 표상을 매우 선명하게 그려야 한다. 한 사람이 태어나 우리 교회에서 잘 자라서 35세 정도 되었을 때 어떤 모습이 되면 좋을지 생각해 보라. 그 사람이 어떤 존재로서 무슨 역할을 하면서 살기를 기대하는지 생각해 보라. 이를 위해 담임 목회자와 신뢰 관계를 맺고 깊은 대화를 많이 나누어야 한다.

그런 사람으로 성장하기 위해서는 어떤 청년이 되어야 할까? 그런 청년이 되기 위해서는 어떤 청소년으로 자라나야 할까? 그런 청소년으로 자라나기 위해서는 어떤 어린 시절을 보내야 할까? 그런 어린 시절을 보내려면 어떤 환경에서 영유아 시절을 보내야 할까? 교육 디렉터는 항상 이 질문에 대한 답을 찾기 위해 노력해야 한다. 그리고 부서 담당 목회자들과 이에 관해 깊은 대화를 많이 나누어야 한다. 바로 여기서부터 교회교육의 일관성이 세워진다.

③ **부서별 교육적 필요에 대한 이해**

교육 디렉터는 부서 담당 교역자가 교사 및 부모와 함께 아이들을 성숙한 그리스도인의 표상에 걸맞게 성장할 수 있도록 아낌없이 지원해야 한다. 아이들의 성장을 돕기 위해 어떤 교육 내용, 교육 방법, 교육 환경이 필요한지 연구하고 정리해야 한다. 부서 담당 교역자가 이와 관련해 연구하고 정리할 수 있도록 배려해야 한다.

부서 담당 목회자는 학생들의 삶의 자리에 관심을 가져야 한다. 학생들에게 가장 많은 영향을 미치는 요인이 무엇인지 파악해야 한다. 상담, 관찰, 대화 등을 통해 학생들이 성경의 가치와 세상의 가치 사이에서 겪는 갈등을 읽어야 한다. 아이들은 말씀을 듣고 바르게 살고자 다짐하지만 일상 가운데서 자주 무너진다. 그 자리에서 다시 일어설 수 있도록 돕기 위해 아이들이 기억해야 할 성경적 메시지를 탐색해야 한다. 이것이 곧 교육 내용의 핵심이 된다.

교육 환경과 방법을 모색하는 과정에서 목회자는 아이들이 하나님을 인식하는 통로와 방식을 반드시 이해하고 있어야 한다. 아이들이 하나님을 인식하는 통로는 연령별로 차이를 보인다. 예를 들어 영아부, 유아부, 유치부 어린이들은 하나님을 마음(정서)으로 경험한다. 아이는 선생님과 좋은 관계를 맺으면서 선생님의 표정, 행동, 말투, 손길을 통해 살아 계신 하나님을 감지한다. 선생님이 아이를 안아 줄 때, 아이는 선생님 옷의 감촉을 통해서도 하나님을 상상할 수 있다. '부드러워', '따듯해', '오돌토돌해', '우리 선생님 참 예쁘다' 등….

어린이는 몸(습관)으로 하나님을 경험한다. 선생님과 좋은 관계를 맺은 어린이는 선생님을 통해 신앙 성장을 위한 지침을 알게 된다. 예를 들어 예배 시간 지키기, 성경 읽기, 기도하기, 친구 돕기, 주보 정리하기 등이 이에 해당한다. 어린이는 선생님과 한 약속을 지키기 위해 몸을 움직이면서 하나님의 사랑 안에 머물고 있음을 느낀다. 입으로는 "매일 성경 읽느라 죽는 줄 알았어요", "왜 맨날 우리 반만 청소해요?"라고 투덜대도, 몸을 움직여 쉽지 않은 일을 하면서 자신이 하나님 안에 머물고 있다고 여긴다.

　청소년은 머리(정신)로 하나님을 경험한다. 청소년은 하나님과 성경, 교회에 대해 회의하기 시작한다. 이 과정에서 교사가 학생의 회의감을 자연스럽게 대하고, 회의가 불신앙은 아니라고 말해 주고, 회의를 통해 크신 하나님을 더 잘 알아갈 수 있다고 격려하며, 정답보다는 해답을 찾아가도록 안내할 때, 청소년은 하나님에 대한 기대감을 갖게 된다. '내 마음 나도 모르겠어. 이렇게 흔들려도 내가 하나님 안에 머물고 있단 말이지?', '엄격한 기준에 지칠 대로 지쳤는데, 잘 모르겠지만 하나님이란 분은 마음이 꽤 넉넉하신가봐'라고 생각한다.

　이제 담임 목회자가 제시하는 성숙한 그리스도인에 표상에 따른 연령별 성숙한 그리스도인의 표상을 정해 다음의 표에 기록해 보라. 이것은 교육 디렉터 혼자서 할 수 있는 일이 아니다. 1장에서 했던 '목회 철학 탐색하기' 작업을 참고하여 부서 담당 목회자와 함께 만들어 보기를 권장한다. 부서 담당 목회자들도 교사들과 함께 작업하기를 권장한다. 교사들과 함께 "우리 부서 아이들이 어떤 사람이 되면 좋을까요?", "우리 아이들이 어떤 성품을 갖추면 좋을까요?", "우리 학생들이 어떤 역량을 갖추면 좋을까요?" 등에 대해 이야기를 나누고 정리하다 보면 "우리 ○○○교회 ○○○ 학생들은 …한 사람입니다"라고 말할 수 있게 될 것이다. 그 내용을 다음의 표에 정리해 보자.

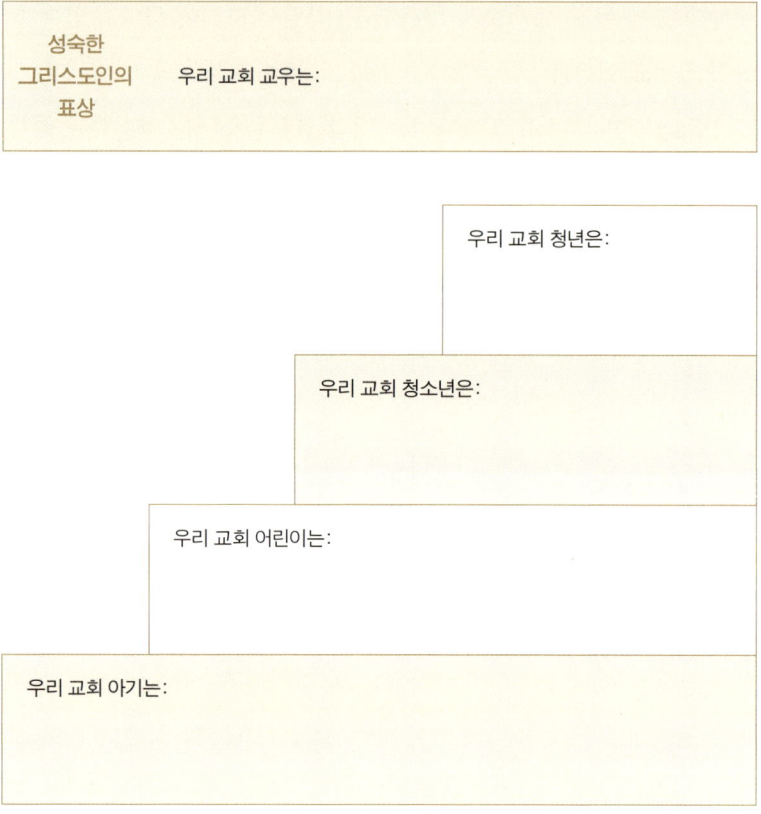

2) 교육 디렉터의 사역 태도와 리더십

교육 디렉터는 부서 담당 목회자와 동역하면서 그들을 지도하고 지지한다. 그리하여 '목회자의 목회자' 역할을 하게 된다. 그러자면 훌륭한 리더십과 탁월한 사역 역량이 필요하다. 당신이 담임 목회자라면 교육 디렉터를 지도하고 동역할 때 필요한 관점에 도움이 되기를 바란다. 교육 디렉터라면 자신의 리더십과 사역 태도를 점검하고 발전을 위해 노력하는 계기가 되면 좋겠다. 부서 담당 목회자라면 교육 디렉터를 이해하고 보완하여 돕고 싶은 마음이 일어나기를 기대한다. 평신도라면 잠시 기도하고 읽으면 좋겠다.

① 교육 디렉터의 사역 태도

첫째, 일관성 있는 태도를 갖춘 유형이다. 담임 목회자의 목회 철학에 대해 전적으로 동의한다. 담임 목회자의 목회 철학을 이해할 수 없을 때에는 질문한다. 동의하지 못하는 부분이 있을 때에는 정중하게 자신의 생각과 의견을 나눈다. 그 다음에 담임 목회자의 이야기를 경청한다. 이때 교육 디렉터는 '결정은 담임 목회자가 한다'는 자세를 갖는 것이 중요하다. 이 모든 대화는 신뢰 관계를 바탕으로 우정을 가꾸어 가는 과정에서 이루어질 수 있다.

둘째, 사역적 자아를 실현하는 데 관심이 많은 유형이다. 담임 목회자의 목회 철학에는 별 관심이 없다. 담임 목회자의 목회 철학과 자신의 교육 철학이 어울리지 않아도 괜찮다고 생각한다. 그는 평소에 자신이 해보고 싶었던 행사와 프로그램을 교회교육 현장에서 시도해 보는 데 관심이 있다. 이들은 때로는 담임 목회자의 뜻을 따르고, 때로는 자신이 결정한 일을 부서 교역자들에게 지시한다.

셋째, 각개 전투 유형이다. 교구를 담당하는 부교역자인데 행정상 교육부를 맡고 있는 경우에 흔히 볼 수 있다. 바쁘고 분주하기 때문에 교육 디렉터의 일은 각 부서가 알아서 하도록 한다. 행정적으로 갑자기 교육부를 맡게 되어 교육 목표를 정하고, 교육 내용을 선정하고, 교육 과정을 구성하고, 교육 환경과 방법을 선택하고, 교사들의 역량을 강화하기 위해 무엇을 해야 하는지 전혀 감각이 없는 경우도 있다.

② **교육 디렉터의 리더십 유형**

첫째, 신뢰형 리더십이다. 부서 담당 목회자를 신뢰한다. 담임 목회자의 목회 철학과 그에 따른 교육부의 방향과 방침 등을 부서 담당 목회자들과 공유하기 위해 많은 노력을 기울인다. 정기 세미나와 회의, 비정기 모임 그리고 개인 대화를 통해 "우리는 지금 어디로 가고 있는가?", "왜 거기로 가는가?", "그곳으로 바르게 가기 위해 더 생각할 점은 무엇인가?" 등에 대해 이야기한다. 올바른 방향으로 나아가는 구체적인 방법으로, 해당 부서 목회자가 자율적으로 선택할 수 있도록 그에게 일을 위임한다. 단, 발생하는 모든 문제에 대한 책임은 교육 디렉터가 진다.

둘째, 개입형 리더십이다. 교회교육 현장에서 일어나는 모든 일을 알고 싶어 한다. 이런 사람은 두 부류로 나뉘는데, 하나는 '엄마손' 유형이고, 다른 하나는 '관리자' 유형이다. 전자는 부서의 교육 활동에서 필요한 부분을 알아서 돕고, 발생 가능한 문제를 미연에 방지하고자 한다. 후자는 산업화 시대에 등장해 생산량 증가와 공정 과정 통제에 익숙한 유형이다. 두 유형 모두 성실한 것이 특징인데, 관리자 유형은 자칫 권력을 이용해 사람들을 통제하려는 의도가 지나치지 않도록 주의해야 한다.

셋째, 방임형 리더십이다. 신뢰형 리더십과 비슷하지만 현장을 부지런히 살피지는 않는다. 사역 방향에 대한 발전적 논의, 사역 진행 과정을 살피는 관심, 동역자와 함께하는 관계 맺기 등이 부족하다. 과다한 업무, 육체적 피로, 개인의 성향 등을 이유로 '각자 알아서 하기!'를 강조한다. 각개 전투 유형과 마찬가지로 교육 디렉터의 사명과 역할이 무엇인지 배우지 않았거나 감각이 없는 경우도 이에 해당한다.

자! 이제 당신이 속한 교회 공동체의 목회자가 어떤 사역 태도와 리더십 유형을 가지고 있는지 표시해 보자. 담임 목회자는 ○, 교육 디렉터는 □, 부서 담당 교역자는 △로 표시한다. 당신의 입장에서 교회 공동체의 건강한 성장을 위해 어떻게 보완할 수 있겠는가? 리더십(leadership)이 중요하듯 팔로워십(followership)도 중요하다.

	신뢰	개입	방임	기타
일관성				
자아 실현				
각개 전투				
기타				

3) 교육 철학의 중요성

교육 디렉터는 부서별로 성숙한 그리스인의 표상을 구체적으로 선정하고 공유해야 한다. 다음세대 목회에 있어 부서별로 필요한 것을 살피고 공급해야 한다. 이 과정에서 교육 디렉터의 교육 철학이 중요하다. 그에 따라 교육 목표와 내용, 과정, 방법, 환경 등이 정리되고, 부서의 조직과 재정, 인력이 정비되기 때문이다. 그러므로 교육 디렉터는 담임 목회자의 목회 철학과 교회의 토양에 어울리는 교육 철학을 세우고 교육 현장에 적용되도록 노력해야 한다.

교육 디렉터는 올바른 방향을 제시하기 위해 하나님의 뜻을 경청해야 한다. 그러자면 기도, 독서, 연구, 사색하는 혼자만의 시간을 가져야 한다. 아울러 공동체 구성원의 마음과 생각을 알아야 한다. 평소에 사람들의 생각과 마음을 경청하는 기회를 많이 가져야 한다. 대화, 상담, 회의하는 기회를 활용하는 것이 좋다. 하나님의 뜻과 사람들의 기대는 교육 디렉터의 마음속에서 통합된다.

교육 디렉터는 이렇게 정해진 방향에 대해 "왜 그렇게 정했는가?"에 대한 당위성과 "정확히 무엇을 말하는 것인가?"에 대한 명확성과 "어떻게 이루어 갈 것인가?"에 대한 구체성을 담은 내용을 정리해야 한다. 그리고 그것을 지속적으로 함께하는 사람들, 즉 부서 담당 교역자, 교사 그리고 부모에게 설명해야 한다. 함께하는 사람들의 내면에 교회 공동체의 다음세대 목회에 대한 선명한 그림이 그려지도록 도와야 한다. 나중에는 교육 디렉터의 설명 때문이 아니라 구성원들의 내면에 그려진 그림 때문에 비전을 따라 움직이는 문화를 만들어야 한다.

공동체의 리더는 방향을 책임지고, 구성원은 방법을 모색한다. 리더는 공동체가 나아갈 방향에 대해 구성원들이 충분히 이해하도록 돕는다. 그리고 공동체가 그 방향으로 나아가는 구체적인 방법에 대해서는 구성원들에게 위임한다. 방법에 대한 선택권을 위임받은 구성원들은 자발적으로 다양하고 창의적인 방법들을 모색하고 시도한다. 그러면 교육 디렉터는 함께하는 사람들이 마음껏 일할 수 있는 환경을 조성하고 혹시 발생할지 모르는 문제에 책임질 준비를 하면 된다.

　자! 이제 정리해 보자. 방향은 리더의 몫이고, 방법은 구성원의 몫이다. 교육 디렉터는 방향을 정하고, 부서 담당 목회자와 교사는 방법을 모색한다. 그리고 일을 하다 보면 선택된 방법들이 조화를 이루어 일정한 방향으로 나아갈 수 있도록 방침을 정해야 할 때가 있다. 방침은 함께하는 사람들이 자문을 구하거나 교육 디렉터가 개입이 필요하다고 생각될 때 논의하고 합의한다.

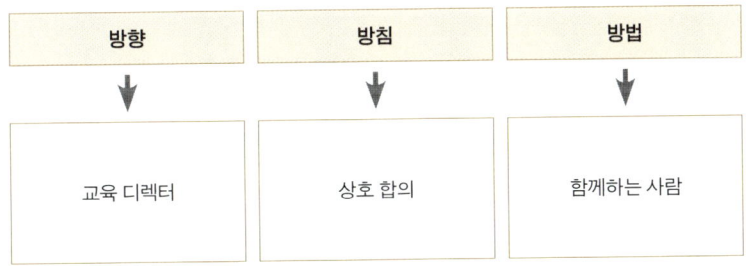

우정을 기초로 부서 운영하기

교육 디렉터에게 부서 운영을 위임받은 부서 담당 목회자들이 가장 고민하는 문제는 교사들과의 관계이다. 믿고 맡길 것인지, 개입하고 관리할 것인지 선택하지 못하고 주저할 때가 많다. 여기 몇 가지 원리를 간단히 소개하겠다.

1) 위임과 개입 사이

목회자의 위임과 개입은 부서 조직의 안정 혹은 불안정에 의해 조절되어야 한다. 안정된 조직에서는 위임하고 불안정한 조직에서는 개입해야 한다. 안정된 조직의 특징은 교사들이 각자의 직임에 따른 직무를 이해하고 실행한다는 것이다. 즉 부장, 부감, 총무, 담임 그리고 사역 교사가 자신의 직임에 따라 분기별, 월별, 주별 단위로 무슨 일을 어떻게 해야 하는지 알고 실행한다. 반면에 불안정한 조직의 특징은 교사들에게 직임이 없거나, 있다 하더라도 그에 따른 직무가 구체적으로 정해져 있지 않다. 설령 직무가 정해져 있다 하더라도 실행하지 않는다(옆의 도표를 참조하라).

당신이 한 공동체의 영적 지도자라면, 공동체의 성숙과 안정 지수를 점검해야 한다. 조직이 불안정하다고 판단되면 적절히 개입하여 책임을 나누어 져야 한다. 이런 성숙한 개입은 공동체가 안정될 때까지 지속적으로 이루어져야 한다. 그리고 공동체가 성숙하고 안정되기 시작하면 개입을 줄이면서 위임을 늘려 나가야 한다.

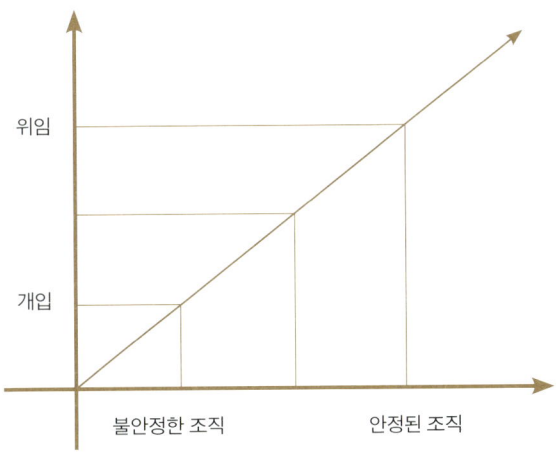

　당신이 담당하는 부서의 조직은 상황이 어떠한가? 담당자가 직임에 따른 직무를 숙지하고 있는가? 적절한 시기에 맡은 직무를 실행하고 있는가? 직무를 숙지하고는 있으나 실행하지는 못하는가? 직무를 숙지하지 못하고 있으며 실행하지 못하는가? 담당자가 아예 없고, 직무도 불분명하며 실행하지 않는가? 뒷장의 표(공동체의 안정 지수 척도 측정)를 활용하여 점검해 보라.

　총점이 40점 이상이면 안정된 조직이라고 볼 수 있다. 신뢰 관계 속에서 대화를 통해 위임이 이루어질 수 있다. 총점이 20점 이하이면 불안정한 조직이라고 볼 수 있다. 자율성이 저하된 조직일 가능성이 크다. 점수가 낮은 조직일수록 일의 성취보다는 관계 형성에 관심을 갖는 것이 좋다. 교사들과 신뢰 관계를 형성하는 것이 우선이다. 21-39점 사이는 위임과 개입의 적절한 조화를 통해 안정된 조직으로 나아가는 것이 중요하다. 부서에서 이루어져야 할 일이 이루어질 수 있도록 부지런히 살피고 개입해야 한다.

* 공동체의 안정 지수 척도 측정

항목	1	2	3	4	5
담임 목회자의 목회 철학을 교사가 안다.					
교육 디렉터의 교육 철학을 교사가 안다.					
담당 목회자가 제시한 부서의 방향을 안다.					
부서의 업무 분장이 있다.					
업무별로 담당자가 있다.					
담당자가 업무를 숙지한다.					
담당자가 업무를 실행한다.					
교사들이 부서를 위해 기도한다.					
교사들이 사역을 위해 공부한다.					
교사 출석률이 평균 90퍼센트 이상이다.					
합산 점수					
총점					

(1에 가까울수록 낮고, 5에 가까울수록 높은 점수이다)

다음으로 교사의 직임에 따른 직무 이해도를 살펴보자. 부서의 부장은 행정 전반을 책임진다. 부감은 교사 관리를 책임진다. 총무는 부서의 살림 전반을 책임진다. 임원 교사는 사역별 기획과 실행을 책임진다. 담임 교사는 학생이 출석하여 예배와 소그룹 참여하도록 안내하는 책임을 진다. 사역 교사는 총무의 지도 아래 부서의 살림살이를 지원한다. 다음의 표를 활용하여 부서의 상황을 점검해 보자.

* **직임별 직무 이해도와 실행력 점검표**

직임	항목	이름	직무	안정○/불안∨
부장				
부감	남자			
	여자			
총무				
임원	예배 사역			
	교제 사역			
	양육 사역			
	전도 사역			

뒷장에 이어짐 ⋯→

직임	항목	이름	직무	안정○/불안∨
담임				
사역				

2) 일 중심 교사와 관계 중심 교사

한 공동체를 담당하는 목회자라면 구성원을 적절한 자리에 배치하는 책임도 져야 한다. 이를 위해 구성원의 일에 대한 역량과 관계에 대한 성숙도 파악해야 한다. 공동체의 구성원은 '일 중심의 사람'과 '관계 중심의 사람'으로 분류할 수 있다. 일 중심의 사람 중에는 일에 능숙한 사람이 있는가 하면 미숙한 사람도 있다. 관계 중심의 사람 중에도 관계에 성숙한 사람이 있는가 하면 미숙한 사람도 있다. 그리고 일도 능숙하고 관계도 성숙한 사람이 있는가 하면, 일과 관계 모두 미숙한 사람이 있다.

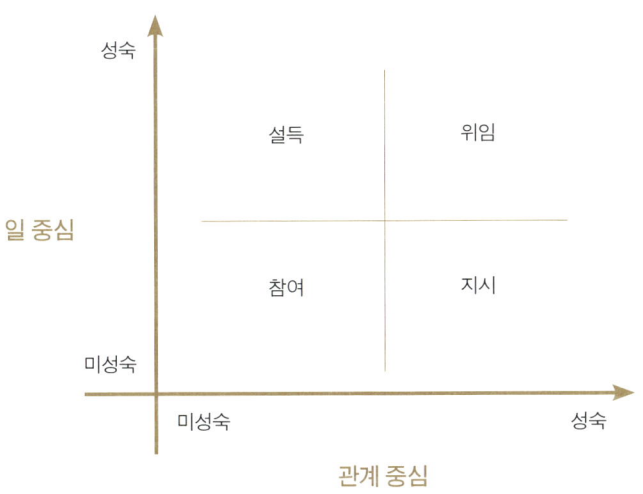

당신이 부서에서 책임을 맡은 팀장을 세우고 싶다면, 성숙한 사람을 세워야 한다. 일 처리도 능숙하고 관계에도 성숙한 사람을 세워야 한다. 그에게 공동체가 지향하는 방향을 자세히 이야기하고 위임하라. 그런 사람을 찾을 수 없을 때에는 팀장 자리를 비워 놓는 것이 차라리

낫다. 대신 팀장을 세울 때까지 당신이 그 역할을 해야 한다.

반면에 일 처리는 능숙하지만 관계는 미숙한 사람이 있다. 또 관계는 성숙하지만 일 처리는 미숙한 사람이 있다. 이런 구성원들에게는 지속적인 개입과 돌봄이 필요하다. 전자는 부지런하지만 일을 추진하면서 상황에 따라 자기 판단대로 일 처리를 하는 경향이 있다. 따라서 당신은 그에게 일의 방향과 규모에 대해 자주 이야기하고, 그에 따르도록 '설득'해야 한다. 후자는 마음은 좋아서 회의 시간에 너무 많은 일을 맡을 수 있다. 뿐만 아니라 다른 모임에 가서도 많은 일을 맡을 가능성이 있다. 현실적으로는 그 일을 다하기 어렵다. 당신은 담당자가 해야 하는 일과 기한을 상기시키고, 그것을 실행할 수 있도록 도와야 한다. 따라서 업무에 대해 구체적으로 '지시'할 필요가 있다.

마지막으로, 관계도 미숙하고 일 처리도 미숙한 사람이 있다. 그는 성숙한 사람들의 책임 아래에서 단순한 업무를 처리하는 데 참여하도록 배려해야 한다. 성숙하고 능숙한 사람들을 보고 배우며 성숙해질 때까지 많은 업무와 중요한 책임을 맡겨서는 안 된다.

✽ 교사의 성향별 성숙도에 관한 표

		업무 중심	
		성숙	미성숙
관계 중심	성숙		
	미성숙		

4장. 회중이 살고 있는 삶의 자리

 철이 들고 나서야 나는 교사의 가치를 새롭게 볼 수 있게 되면서 교사가 한없이 존경스러워지기 시작했다. 최선을 다해 아이들을 돌보는 모습이 얼마나 감동적인지 모른다. 아이들의 이름을 불러 가며 기도하는 모습이, 밤이면 아이들이 다니는 학교 운동장을 돌며 기도하는 모습이, 답문이 왔다고 내 방에 찾아와 껑충거리며 춤추는 모습이, 아이들 생일이면 집 앞에 찾아가 카드를 남기고 오는 모습이, 입시 정보를 구하는 대로 복사해서 나누어 주는 모습이, 볼이 붉어지도록 휴대폰을 들고 아이들과 이야기를 나누는 모습이, 아이들을 사랑으로 섬기는 모습이 얼마나 감동적인지 모른다.

 그런 교사들에게 딱 한 가지 서운한 것이 있었다. 설교 시간에 늦게 오는 아이들을 맞이하느라 뒤를 자꾸만 돌아보는 모습이, 도착한 아이를 맞이하려고 벌떡 일어나는 모습이, 그야말로 버선발로 뒷문까지 달려가 맞이하는 모습이, 마치 주님을 만난 듯 기뻐하는 모습이 온 힘을 다해 준비한 설교를 조심조심 선포하는 내 입장에서는 조금 서운하게 느껴졌다. 하지만 '선생님들이 우리 아이들을 이토록 사랑하는구나!'라는 깊은 느낌을 갖게 된 후로는 조금도 서운하지 않다.

교사들은 한 아이가 교회에 출석하는 것을 최상의 기쁨으로 안다. 분명한 것은 아이들에 대한 교사의 사랑이 아이들에 대한 나의 사랑보다 훨씬 더 크다는 것이다. 교사들은 왜 아이들이 교회에 오는 것을 그토록 좋아할까? 교회는 하나님의 집, 성령님의 전 그리고 예수님의 몸이기 때문이다. 아이가 교회 공동체에 오는 것은 곧 주님의 몸 안에 들어오는 신비로운 일이다. 교사는 아이들이 이 신비 안에 머물기를 원한다. 아이들이 이 신비 안에서만 은혜를 맛볼 수 있기 때문이다. 그 은혜가 있어야만 이 험한 세상을 버틸 수 있기 때문이다.

종종 아이들이 말한다. "목사님, 저 이번 수련회에서 은혜받은 것 같아요." "목사님, 저 요즘 은혜가 떨어진 것 같아요." 그런 말을 들을 때면 '얘가 은혜가 뭔지 알고 얘기하나?'라는 생각이 든다. 어쨌거나 교사도 어떤 아이가 요즘 은혜를 누리며 살고 있는지 그렇지 않은지 느낌이 온다.

그렇다면 은혜를 누리는 아이와 그렇지 않은 아이는 무슨 차이가 있을까? 은혜를 누리는 아이의 정서에는 세 가지 공통점이 있었다. 첫째, 하나님께서 자기 코앞에 계시다고 느낀다. 구체적인 이유는 대지 못한다. 그냥 그렇게 느낀다. 둘째, 자기가 참 소중하고 가치 있다고 느낀다. 마찬가지로 구체적인 이유는 없다. 그냥 그렇게 느낀다. 셋째, 대체로 모든 일이 잘 풀릴 것 같다고 느낀다. 어려움이 있어도 웬만하면 감당할 수 있을 것처럼 느낀다. 역시 이유는 딱히 없다. 그냥 그렇게 느낀다. 그래서 이른바 '은혜받았다'는 아이는 '살맛 난다'고 느낀다.

한편, 은혜를 누리지 못하는 아이에게도 정서적 공통점이 세 가지가 있다. 첫째, 하나님이 멀리 떨어져 계시는 것만 같다. 그냥 그렇게 느낀다. 구체적인 이유는 없다. 둘째, 자기 자신이 소중하지 않고 무가치한 것만 같다. 그냥 그렇게 느낀다. 셋째, 모든 일이 다 꼬이는 것만 같다. 그냥 그렇게 느낀다. 구체적인 이유는 없다. 그러니 이른바 '은혜가 떨어졌다'는 아이들은 '죽을 맛'이라고 느낀다. 매일이 죽을 맛이다.

아이들은 방금 '살맛 난다!'고 느끼다가도 곧 '죽을 맛'이라고 느낀다. 또 '죽을 맛'이라고 느끼다가도 이내 '살맛 난다!'고 느낀다. 하루에도 열두 번씩 이런 느낌이 오간다. 아니 수십 번씩, 수백 번씩 반복된다. 아이들도 "내 마음을 나도 모르겠어요"라고 말한다. 그래서 전문가들이 청소년기에 '질풍노도의 시기'라는 별명을 붙여 주었나 보다. 이것은 아이들만의 이야기가 아니다. 우리의 삶도 비슷하지 않은가? 어른들도 모두 비슷하다.

회중을 이해한다는 말의 의미

목자는 양의 이름을 알고, 양은 자기 이름을 부르는 목자의 음성을 안다. 목자는 양이 먹을 풀과 마실 물이 있는 곳으로 인도한다. 짐승의 공격으로부터 양을 보호한다. 양의 건강 상태를 파악하고 적절한 조치를 취한다. 울타리로 인도해서 쉬게 한다. 목자는 양이 필요한 것을 공급한다. 양의 상태와 상황을 파악하고 있기 때문이다.

나는 선한 목자라 나는 내 양을 알고 양도 나를 아는 것이 아버지께서 나를 아시고 내가 아버지를 아는 것 같으니 나는 양을 위하여 목숨을 버리노라(요 10:14-15).

목회자는 회중에게 영혼의 양식을 공급하는 사람이다. 목회자는 회중의 상태와 상황을 파악한다. 회중의 삶을 들여다본다. 믿음 안에서 사는 사람이 일상 가운데 가장 관심을 갖는 영역이 무엇인지, 그 영역에 변수가 생겼을 때 긍정적이든 부정적이든 어떻게 반응하는지, 무슨 생각을 하는지, 어떤 느낌을 갖는지 살펴보라. 회중이 좋은 반응을 보였을 때 혹은 좋지 않은 반응을 보였을 때, 각각 하나님에 대해 어떻게 느끼고 생각하는지 살펴보라. 당신은 믿음 안에서 끊임없이 흔들리는 회중의 인생살이에 대해 이해할 수 있다. 그들의 필요에 대해서도 알 수 있다.

삶의 자리를 이해한다는 말의 의미

당신은 회중을 예배로 초대한다. 설교를 통해 성경이 일상과 어떻게 연결되는지 안내한다. 회중은 하나님의 뜻을 알고 그 뜻대로 살기 위해 노력한다. 하지만 회중은 자신이 알고 있는 하나님의 뜻을 그대로 적용하기 어려운 상황에 처하거나 도저히 복음적으로 해석할 수 없는 사건들을 만나게 된다. 이때 회중은 신앙은 무의미하며 생활에 별 도움이 되지 않는다고 느낄 수 있다. '하나님은 나 같은 사람에게는 별 관심이 없으시다'라고 생각할 수 있다. 멀리 떨어져 계시거나 없다고 생각할 수 있다. 과도기적 혼란은 아이들만의 것이 아니다. 세상에 속한 사람으로 태어나 하늘에 속한 사람으로 자라나는 모든 이들이 과도기적 혼란을 겪는다.

당신은 과도기적 혼란을 겪고 있는 회중이 '회의하는 용기'를 발휘하도록 격려할 수 있다. 우리는 회의하며 더 중요한 것에 다가가는 것이라고, 그것은 이상하거나 잘못된 것이 아니라고, 그렇게 자라나는 것이라고 혼란 속에서 회의하는 가치에 대해 확인해 줄 수 있다. 회중이 자신에 대해 신앙이 없다거나 하나님께 버림받았다고 느끼기 시작할 때 몰려오는 긴장감에서 벗어나도록 도울 수 있다. 자기 인생에만 특별히 문젯거리가 많고 자기만 문제투성이라고 여기는 자괴감에서 서서히 벗어날 수 있도록 도와줄 수 있다.

또한 당신은 회중이 저마나 삶의 자리에서 경험하는 일상적이고 다양한 문제들의 의미를 해석해 줄 수 있다. 하나님의 섭리 안에서 허락된 모든 사건과 만남은 그들의 성장을 돕기 위한 주님의 선물임을 받아들이도록 도울 수 있다. 회중이 반복되고 고단한 일상 가운데 숨겨진 하늘의 선물을 발견하며 살아갈 수 있도록 안내할 수 있다.

내 삶의 자리에 대한 이해

목회자가 회중이 살고 있는 삶의 자리를 이해하고 싶다면, 우선 자신의 삶의 자리부터 살펴볼 수 있어야 한다. 이제 주님의 눈길로 자기 자신을 바라보라. 당신이 살고 있는 삶의 자리에서는 어떤 일들이 벌어지고 있는가? 당신이 가장 많이 생각하는 것은 무엇인가? 가장 많이 마음 쓰는 일은 무엇인가? 교우들은 신앙, 건강, 가족(배우자, 자녀, 부모), 재정, 진로, 노후 등이라고 대답한다. 초등학교 고학년부터 청년들은 부모, 진로, 성적, 친구, 외모, 성격, 중독 등이라고 대답한다. 담임 목회자들은 설교, 당회, 재정, 사역, 건강, 가족, 진로 등이라고 대답한다. 나도 비슷하다. 당신이 살고 있는 삶의 자리는 무엇인가?

우리는 삶의 자리에서 '살맛 난다'고 느끼기도 하고 '죽을 맛'이라고 느끼기도 한다. 하루에도 열두 번씩, 아니 수십 번씩 기분이 오르락내리락한다. 예를 들어 건강에 대해 생각해 보자. 전에는 아픈 데가 많았는데 요즘은 안 아픈 데가 없다. 그러니 건강이 걱정되지 않을 수 없다. 건강한 삶에 대한 세상의 가치는 '젊음과 생기를 유지하는 것'이다. 한편 성경의 가치는 '하나님나라를 위해 쓰임받는 것'이다.

당신이 아프거나 흰머리와 주름이 늘어나거나 뱃살과 목살이 늘어질 때 세상의 가치를 붙들면 어떤 생각이 들겠는가? 어떤 느낌을 갖게 되겠는가? 그리고 어떤 행동을 하겠는가? 같은 상황에서 성경의 가치를 붙들면 어떤 생각이 들겠는가? 어떤 느낌을 갖게 되겠는가? 그리고 어떤 행동을 하겠는가? 이제 당신 자신을 잘 살펴보기 바란다.

* 삶의 자리에서 나타나는 나의 태도와 반응

	삶의 자리	가치	생각	느낌	행동
1		성경			
		세상			
2		성경			
		세상			
3		성경			
		세상			
4		성경			
		세상			
5		성경			
		세상			
6		성경			
		세상			
7		성경			
		세상			

회중이 살고 있는 삶의 자리에 대한 이해

이제 회중이 살고 있는 삶의 자리를 살펴보자. 주님의 눈길로 당신의 삶의 자리를 살펴본 것처럼, 이제 주님의 눈길로 회중이 살고 있는 삶의 자리를 살펴보자. 당신이 잘 아는 교우가 자기 삶의 자리에서 무엇을 생각하고 느끼는지 그리고 어떻게 반응하는지 생각해 보자.

1) 회중이 살고 있는 삶의 자리 상상하기

회중의 일상을 상상해 보자. 이미 여러 번 그런 경험을 해보았을 것이다. 매주 설교를 준비하면서 성경을 읽고 깊이 생각할 때, 회중을 바라보며 말씀하시는 하나님의 마음을 상상했을 것이다. 바로 그때, 당신은 회중이 살고 있는 삶의 자리를 하나님의 마음으로 바라보곤 했다. 심방을 통해서도 회중의 삶의 자리를 직접 눈으로 본 적이 있을 것이다. 성경공부반에서 회중의 답변과 질문을 통해 회중의 마음과 생각을 접한 적이 있을 것이다. 교회에서 봉사하는 모습을 통해 회중을 살피는 기회도 있었을 것이다. 뿐만 아니라 텔레비전, 잡지, 신문, 도서, 영화 등을 통해 시민들의 삶의 모습이 어떤지에 대해 알고 있었을 것이다. 그 모든 것을 동원해 회중이 살고 있는 삶의 자리를 상상해 보자.

* 회중이 살고 있는 삶의 자리 상상하기

	삶의 자리	가치	생각	느낌	행동
1		성경			
		세상			
2		성경			
		세상			
3		성경			
		세상			
4		성경			
		세상			
5		성경			
		세상			
6		성경			
		세상			
7		성경			
		세상			

2) 회중이 살고 있는 삶의 자리 살펴보기

교회 공동체 안에는 영·유아, 유치, 어린이, 청소년, 청년, 성인, 장년 그리고 노년에 이르기까지 다양한 연령의 회중이 존재한다. 회중을 이해한다는 것은 회중이 살고 있는 삶의 자리와 그 자리에서 회중이 경험하는 것이 무엇인지, 복음이 회중에게 미치는 영향력이 구체적으로 무엇인지 알아가는 것이다. 여기에서는 다소 제한적이기는 하지만 내가 경험한 어린이, 청소년, 청년들의 삶의 자리를 들여다보고, 그들이 각자의 삶의 자리에서 어떤 인식과 태도를 가지고 살아가는지 소개하고자 한다. 회중을 이해하는 데 필요한 관점을 얻는 일에 조금이라도 도움이 되기를 바란다.

① 부모가 맺는 관계의 질감

아이들은 자기 부모에 관심이 많다. 때로는 관심이 없는 것처럼 보이지만 그렇지 않다. 기도회를 인도하다 보면 부모를 위한 기도를 할 때, 아이들이 더욱 간절해지는 것을 볼 수 있다. 기도하면서 많이들 운다. 부모의 기대를 채워 주지 못하는 자신이 아쉽고, 부모에게 미안해서 그러는 것 같다. 아이들에게 가장 영향을 많이 미치는 것이 부모이며 부부간의 관계이다.

아이들은 아버지가 어머니를 사랑하는지, 어머니가 아버지를 존중하는지를 살핀다. 아이들은 부부 관계의 질감을 본능적으로 감지한다. 당신도 어릴 때 밖에서 놀다가 집에 들어오면 현관에서부터 집안 분위기를 감지하지 않았던가? '어! 오늘 집에 무슨 일이 있는 거 같은데…'

우리 아이들도 마찬가지이다. 부부 관계의 질감이 좋은 가정에서 자란 아이들은 다른 사람과 관계를 맺을 때 좋은 질감을 형성한다. 어른에게 정중하고 친구에게 따듯하며 처음 만나는 사람에게 어색함을 덜 느끼거나 잘 해소하는 경향이 있다.

요즘 가정이 해체되는 경우가 많아졌다. 홀 부모, 홀 조부모와 사는 아이들이 늘어나고 있다. 또는 별거 중이거나 정서적 별거 중인 부모와 사는 아이들도 많다. 그들은 어떻게 해야 할까? 되돌릴 수만 있다면 되돌리는 게 좋다. 하지만 되돌릴 수 없다면 받아들여야 한다. 현실을 인정해야 한다. 대신에 아이들과 함께 생활하는 권위자들이 (전)배우자에 대한 험담을 삼가야 한다. 그리고 권위자가 사람들을 정중하고 부드럽고 따듯하게 대하면 된다. 아이들은 그 권위자에게서 사람을 대하는 태도를 배우기 때문이다.

② 삶에 대한 부모의 태도

아이들은 삶에 대한 부모의 태도에 영향을 많이 받는다. 아이들은 부모가 가정, 직장, 교회, 지역사회에서 맡은 일을 어떻게 처리하는지 보면서 자란다. 크고 중요해 보이는 일을 처리할 때, 작고 하찮은 일을 처리할 때 부모의 태도와 마음이 어떠한지 감지한다. 사람들이 볼 때 혹은 보지 않을 때 일을 어떻게 처리하는지 본다. 그리고 그대로 배운다. 하나님께서 맡기신 일로 받아들이고 심부름꾼으로 살아가는지, 성과를 극대화하거나 과대 포장하여 자신의 가치를 드러내려고만 하는지 보고 그대로 배운다.

노동의 대가로 얼마를 벌든 마음으로 정한 만큼 하나님께 드리고,

조금이라도 저축하고, 생활을 위해 소비하고, 소외된 이웃과 나누며 살아가는지, 아니면 자신의 소비 욕구와 허세를 무분별하게 채우며 살아가는지 보고 그대로 따라한다.

사람들이 부러워하는 직업에 종사하고 연봉을 많이 받고 좋은 집에 살며 큰 차를 타고 다녀도, 부모가 일과 소비에 있어 하나님의 주권을 인정하지 않고 사소한 일에 정성을 기울이지 않으며 자기중심적인 소비 성향에서 벗어나지 못하면 아이는 안정감을 갖기 어렵다. 부유한 집에서 자라서 좋은 옷을 입고 좋은 것을 먹고 좋은 것을 누려도 심리적 불안 때문에 눈동자가 쉼 없이 흔들리는 아이를 본 적이 있다. 곧 무너질 현실에 대한 영혼의 불안이 눈에 그대로 드러난 것 같아 안타까웠다.

③ 인생의 진로에 대한 전망

아이들은 자신의 진로에 관심이 아주 많다. 자신이 어떤 직업을 가질 것인지 지금 결정해야 한다는 부담이 있다. 누군가 이렇게 말한 적이 있다. "10대에 꿈꾸고, 20대에 준비하고, 30대에 쓰임받자." 교회에서 이런 이야기를 많이 한다. 설교, 소그룹, 집회 등 기회가 있을 때마다 아이들에게 말한다. 어릴 때부터 기도 많이 하고, 하나님의 음성을 듣고, 진로에 대한 구체적인 계획을 세워서 아브라함, 요셉, 모세처럼 쓰임받아야 한다고 말이다.

그런데 실제로 그런 사람이 몇이나 될까? 아브라함은 75세, 요셉은 30세, 모세는 80세에 경험한 사건을 아이들에게 강요(?)할 수 있을까? 아이들은 "나는 누구인가?"에 대해 탐색하느라 바쁘다. 그런 시기에 직업을 구체적으로 결정하기는 어렵다. 진로와 직업을 결정하는 데 과도한 부담을 줄 경우 부작용이 일어난다.

아이들은 무슨 직업을 선택해야 할지 확신이 서지 않으면 스스로를 선택받지 못한 사람처럼 느끼게 된다. 하나님께서 쓰임받는 아이들은 따로 있고, 자기는 이 세상을 그냥저냥 살다 가는 것처럼 느낀다. 당신이 아이들의 진로에 관심을 가지고 언급해야 할 것은 정해진 직업이 아니다. 직업은 평생 몇 번이나 바뀌지 않던가?

아이들이 정말 관심을 가져야 할 것은 인생에 대한 전망이다. 자신이 어떤 존재로 어떤 삶을 살고 싶은지, 이 세상의 한 귀퉁이에 어떤 공간을 만들고 싶은지에 대한 신념이다. 아이들에게 중요한 것은 하나님께 쓰임받을 수 있다는 확신이다. 직업이 무엇이든, 어디에서 살든, 누구와 일하든 자신이 하나님나라의 한 귀퉁이에서 남김 없이 쓰임받을 수 있다는 인생의 바른 전망을 가지고 싶어 한다. 우리가 할 수 있는 가장 중요한 일은, 그 아이들에게 영적 자긍심을 심어 주는 것이다.

④ **성적**

아이들은 성적에 민감하다. 부모는 더 민감하다. 왜 그럴까? 성적이 성공과 직결된다는 오해 때문이다. 중간고사에서 한 과목의 성적이 안 좋으면 대학 입학, 직장 입사, 결혼 성사, 자녀 양육, 노후 대비까지 줄줄이 문제가 생길 수 있다는 생각이 부모를 사로잡고 있다. 잘못된 가치에 사로잡힌 부모 때문에 아이들은 덩달아 긴장한다. 숨쉬는 존재는 모두 성적 때문에 스트레스를 받는다. 성적이 좋든 안 좋든, 공부에 관심이 있든 없든 아이들은 성적 때문에 스트레스를 받는다.

토머스 스탠리라는 사람이 10년 동안 공을 들여 연구한 바에 의하면, 학교 성적과 성인이 된 후 업무를 처리하여 성과를 내는 것과는 전혀 관계가 없음이 밝혀졌다. 비슷한 연구들이 밝힌 바에 의하면, IQ, 수능 성적 등도 어른의 업무 성취 능력과의 관계가 10-20퍼센트 미만인 것으로 나타났다. 따라서 부모나 아이나 성적에 과도하게 반응하는 것이 습관이 되면, 오히려 불안으로 인해 자신의 잠재력과 실력을 발휘하지 못하는 '학습된 무력감'에 빠질 수 있다.

진로에 대해 건강한 관점을 갖지 못한 아이는 성적이 높아도 늘 불안해한다. 그런 아이들을 많이 만나 보았다. 하루는 한 아이가 내 방에 찾아왔다. 중간고사 성적이 아주 잘 나왔다고 했다. 그런데 울었다. 나는 당황스러웠지만 티내지 않고 기다렸다. 이윽고 안정을 찾은 아이가 들려준 이야기는 정말 어이없었다. 아이의 친척은 대부분 남들의 부러움을 사는 직종에서 종사했다. 비슷한 또래의 친인척들도 외국 유수의 대학에 장학금을 받고 다녔다. 부모가 "너는 반에서 1등해서 도대체 나중에 뭐가 될래?"라고 혼낸다고 했다. 아이 부모의 논리에 따르면, 반에서 1등 하는 아이들은 넘쳐난다는 것이다.

반면에 인생의 전망에 대해 건강한 관점을 가진 아이는 성적이 낮아도 당당하다. 한 아이가 내 방에 찾아왔다. 중간고사에서 성적이 몹시 낮게 나왔다고 했다. 내가 들어도 답답했다. 나는 아이의 부모를 생각해 "공부 좀 열심히 해라"며 핀잔을 주었다. 그러자 아이가 말했다. "하나님께서 우리를 모두 남김없이 쓰신다고 목사님이 말씀하셨잖아요." 아이의 말이 맞기는 하지만 얄밉다. 아이는 한마디 더 한다. "하나님께서 저를 고쳐서 쓰실지 그냥 쓰실지 기대돼요. 고치시려면 힘드실

거고, 그냥 쓰시면 기적인데…." 나는 아이에게 말했다. "나가!" 아이는 나가면서 말했다. "목사님도 쓰시는 하나님인데…." 맞는 말이다. 아무리 생각해도 그 아이가 나보다 낫다. 당신이 아이들에게 해줄 수 있는 것은 "너희는 사랑받기 위해 태어났고, 쓰임받기 위해 태어난 소중한 존재"라는 축복이다.

⑤ 관계

아이들은 과도기적 혼란을 겪는다. 하는 일마다 어설프고 어색하다. 어느 자리에서 누구를 만나고 무엇을 하든 도무지 어울리지 않는다. 어른의 눈에 그런 아이는, 마치 이사 가는 날 초대받은 손님 같다. 어디 앉을 데도 마땅치 않고, 마실 물도 없으며, 무슨 일을 어떻게 해야 할지 모른다. 점잖게 얘기하면 분주하고, 솔직히 얘기하면 답답하다. 그러니 아이들을 바라보는 어른들의 입에서 "속터진다"는 말이 절로 나온다.

아이를 바라보는 어른의 시선이 곱기가 힘들다. 부모는 말 안 듣는다고, 선생님은 공부 못한다고, 목회자는 기도 안 한다고 못마땅한 시선으로 아이들을 바라본다. 아이들이 자기 자신을 바라보는 시선도 곱기가 힘들다. 빠르게 변해 가는 자신이 어색하다. 스스로도 답답하고 이해가 안 되고 속이 터질 것 같다. 그래서 아이들도 자기 자신을 못마땅한 존재로 인식한다.

그런데 그렇게 보지 않는 사람들도 있다. 바로 친구들이다. 친구들과 함께 있을 때 잘만 맞춰 주면 괜찮은 사람 대접을 받는다. 그래서 아이들에게 친구는 곧 '자신의 정체성'이다. 어쩌면 그보다 더 소중할

는지도 모른다. 아이들은 어른이 자기를 욕하면 참을 수 있다. 어릴 때부터 들었던 소리이니 익숙하다. 하지만 새로 사귄 친구를 욕하면 못 참는다. 한마디로 욱한다. 지혜로운 어른들은 아이의 친구에게 호의를 베푼다. 안부를 묻고, 칭찬하고, 기회가 되면 식사도 함께한다. 그렇게 아이의 친구를 어른의 관심 영역 안으로 자연스럽게 끌어들인다.

⑥ 외모

청소년에게 외모는 영혼의 등불과 같다. 결코 꺼지지 않는다. 씻지 않던 아이도, 로션 한번 바르지 않던 아이도, 챙겨 입지 않던 아이도 갑자기 바뀐다. 화장실에 들어가면 40-50분은 기본이다. 아무리 나오라고 해도 안 나온다. 어른들의 말을 무시하는 것이 아니다. 머리를 세우고 귀 옆에 붙이고 자연스럽게 흘러내리게 하려면 적어도 한 시간은 족히 들기 때문이다. 외모를 포기한 것처럼 보이는 아이도 실은 포기한 게 아니다. 보완할 계획이 다 있다.

아이들에게 외모의 기준은 연예인이다. 그 옷과 머리 모양을 하고 걷는 모델이 기준이다. 새 옷을 사 입었는데 그런 모양이 나지 않으면 괴롭다. 다리를 늘이고 엉덩이를 덜어내고 지방을 태우고 싶어 안달이 난다. 아마 미치기 일보 직전까지 갈 것이다. 왜 그럴까? 아무리 애써 봐도 원판 불변이고, 자기 모습을 자기가 보기 불편하기 때문이다.

어른들은 그 속도 모르고 "넌 왜 그렇게 외모에 신경을 쓰니? 주님을 생각해 봐. 주님은 십자가를 지셨어. 아무것도 못 입으시고…"라고 훈계한다. 그러다 큰 싸움만 부른다. 그러니 굳이 훈계하려 할 필요 없다. 그냥 "그렇게 낳아서 미안!"이라고 말하면 된다. 사소한 일에 에너지를 낭비하지 말기 바란다.

대신에 "예쁘다", "멋지다", "근사하다", "매력 있다", "잘 어울린다", "괜찮다", "눈에 띈다"(눈에 띄는 이유는 많다), "모델 같다"(모델도 여러 분야가 있다), "사랑스럽다", "자랑스럽다"는 말로 외모에 대해 칭찬하라. 계속 칭찬하라. 무슨 말로 칭찬할지 연구하며 칭찬하라. "눈빛이 좋다", "피부가 깨끗하다", "귓볼이 근사하다", "이마가 멋지다", "턱선이 예술이다" 등 당신이 어릴 때 외모에 관해 듣고 싶었던 말을 아이들에게 해주라.

⑦ **성격**

깊은 밤에 전화가 왔다. 여자아이였다. 전화를 한 아이는 아무 말 없이 흐느끼기만 했다. 그러다 가끔 "목사님 주무세요?"라고 물었다. "아니"라고 대답하면 또 말 없이 흐느꼈다. 그렇게 한 시간 정도 지났을까? 그 아이는 이렇게 말하고는 전화를 끊었다. "목사님, 제 성격 때문에 미치겠어요." 어이가 없었다. '나는 너 때문에 미치겠다.' 그 아이 말고도 이런 통화를 하는 아이들이 종종 있다. 자기도 자기 성격에 질린 것이리라.

그 후로 나는 성격 유형에 대해 공부를 좀 하기 시작했다. 전문가도 모시고, 강의도 듣고, 책도 읽었다. 애니어그램, MBTI, DISC 등에 대해서도 알아보았다. 그런데 거기에는 해결책이 없었다. 물론 이런 연구는 매우 유용했지만, 아이들이 말하는 '성격'은 성격 유형에 관한 문제가 아니었다. 아이들이 말하는 성격은 이른바 성질, 성깔 같은 것이었다. 구원받은 청소년으로서 원만하게 잘 살아보고 싶은데, 가까운 사람과도 부딪히고 사소한 일에 짜증나는 자신이 이상하게 느껴지는 것이다.

그도 그럴 것이 교회에서 예배, 소그룹, 캠프, 훈련 등을 통해 이른바 '결단'이라는 것을 했다. "하나님나라를 위해 쓰임받는 일꾼이 되겠습니다", "하나님의 말씀에 순종하는 종이 되겠습니다"라고 결단했다. 그런데 하나님께 쓰임받으려면 일단 열심히 공부하란다. 방 청소부터 하란다. 엄마 말씀에 순종하란다. 동생을 배려하고 위해 주란다. 며칠은 견뎌 보지만 계속은 못하겠는 것이다. 다 하기가 싫다. 짜증난다. 폭발한다. 은혜로운 마음은 온 데 간 데 없어진다. 혼자 스올(무덤, 지옥)에라도 내려간 기분이다.

'왜 우리 집에만 성령의 임재가 없을까?' '나는 구원받은 백성이 맞을까?' '아직도 사탄의 손아귀에 잡혀 있는 것은 아닌가?' 심각하게 고민하기 시작한다. 당신은 아이들에게 현실적인 대안을 제시해야 한다. "눈 한번 질끈 감고, 꾹 참고, 사랑으로 감싸 줘" 하는 식으로 말하지 말라. 당신도 하지 못하는 것을 아이들에게 하라고 가르치지 말라. 대신에 가족은 사랑하기 때문에 싸운다고, 예수님의 제자들도 싸웠다고, 나도 매일 그런다고, 조금씩 나아질 거라고, 그렇게 한 공동체를 이루어 가는 거라고, 새로운 마음으로 다시 시작하자고 말하라.

이상은 아이들이 살고 있는 삶의 자리를 이해하는 데 도움이 되는 이야기이다. 아이들은 이런 문제들 때문에 하루에도 열두 번 씩 마음과 생각에 혼란을 겪는다. 대부분의 교회 아이들은 대한민국 아이들이 보편적으로 가지고 있는 삶의 문제들을 가지고 있을 것이다. 그리고 특정 지역 아이들만 가지고 있는 독특한 문제들도 가지고 있을 것이다. 아울러 특정 아이만 개별적으로 가지고 있는 문제도 있을 것이다. 일탈, 중독, 미디어, 문제 해결에 대한 어려움 등도 아이에게 영향을 미치는 요소들이다.

당신은 회중이 겪고 있는 삶의 문제와 그로 인해 받는 영향을 이해하기 위해 지속적으로 노력해야 한다. 노력의 일환으로 설문, 관찰, 면담 등을 해볼 수 있다. 설문은 참고 자료를 활용하여 직접 작성할 수 있다. 그것을 통해 자신이 담당하고 있는 회중의 삶의 자리를 이해하는 데 도움을 받을 수 있다. 또한 회중이 생활하는 모습과 관련 자료들(영화, 잡지, 보도자료 등)을 관찰하면서 더욱 구체적인 사항을 파악할 수 있다. 끝으로 회중과 관계된 사람들을 직접 만나서 물어볼 수도 있다.

5장. 성경적 메시지

사도 바울은 성숙한 그리스도인의 표상을 '그리스도의 장성한 분량에 도달하는 것'이라고 표현한다.

> 우리가 다 하나님의 아들을 믿는 것과 아는 일에 하나가 되어 온전한 사람을 이루어 그리스도의 장성한 분량이 충만한 데까지 이르리니 이는 우리가 이제부터 어린아이가 되지 아니하여 사람의 속임수와 간사한 유혹에 빠져 온갖 교훈의 풍조에 밀려 요동하지 않게 하려 함이라(엡 4:13-14).

그리스도의 장성한 분량에는 예수님을 닮아 가는 삶을 통해 도달하게 된다. 성경은 예수님이 자라나면서 지혜롭고 건강하며 하나님과 사람에게 사랑을 받았다고 말한다. 이는 예수 그리스도께서 지적으로, 신체적으로, 영적으로, 사회적으로 온전하게 자라났다는 의미이다.

예수는 그 지혜와 키가 자라가며 하나님과 사람에게 더욱 사랑스러워 가시더라(눅 2:52).

당신도 영적, 지적, 정서적, 신체적, 사회적으로 온전하게 자라는 삶을 추구한다. 성경을 통해 그 길을 안내받고 순종할 수 있는 힘도 공급받는다. 당신이 그 길을 걸어갈 때 교우들도 그 길을 따라 걸어갈 수 있다. 교우들은 그 길을 걸어가면서 당신과 마찬가지로 성경을 통해 안내를 받고 힘을 공급받는 새로운 삶의 방식을 받아들이게 된다. 당신과 교우의 속사람이 강건해진다.

그의 영광의 풍성함을 따라 그의 성령으로 말미암아 너희 속사람을 능력으로 강건하게 하시오며 믿음으로 말미암아 그리스도께서 너희 마음에 계시게 하시옵고 너희가 사랑 가운데서 뿌리가 박히고 터가 굳어져서 능히 모든 성도와 함께 지식에 넘치는 그리스도의 사랑을 알고 그 너비와 길이와 높이와 깊이가 어떠함을 깨달아 하나님의 모든 충만하신 것으로 너희에게 충만하게 하시기를 구하노라(엡 3:16-19).

영혼의 양식인 성경적 메시지

좋은 음식은 건강한 몸과 삶에 꼭 필요한 요소이다. 그래서 어머니는 가족을 위해 음식을 정성스럽게 준비한다. 마찬가지로 속사람이 강건해지려면 영혼의 양식이 필요하다. 그래서 당신은 교우를 위해 정성껏 영혼의 양식을 준비해야 한다.

당신은 앞에서 교우들에게 제시할 '성숙한 그리스도인의 표상'에 관한 내용을 정리했다. 당신은 교우들이 당신이 제시한 표상에 동의하고 함께 도달하게 되기를 원할 것이다. 당신은 '회중이 살고 있는 삶의 자리'에 대해서도 살펴보았다. 당신은 교우들이 연약해서 쉽게 쓰러지고 항상 흔들리는 존재라는 사실을 알고 있다. 그렇다면 고단한 일상 가운데 쓰러지는 교우들이 다시 일어나 하나님의 품으로 나아가기 위해 반드시 기억해야 할 성경적 메시지는 무엇인가? 방탕했던 작은 아들이 자초한 참담한 현실 속에서 아버지의 사랑을 기억하고 일어나 집으로 돌이킨 것처럼 말이다.

성경은 하나님의 말씀이다. 한 사람이 구원받고 성화되어 하나님의 자녀로 온전히 성장하게 하는 데 조금도 부족함이 없다. 말씀은 하나님이시다. 이 말씀은 태초에 하나님과 함께 계셨다. 말씀이 육신이 되셨다. 우리와 같은 몸을 입으신 것이다. 그 몸으로 우리의 역사 속으로 들어오셨다. 시간과 공간 속에 우리와 함께하신다. 우리는 그 말씀을 보고, 듣고, 만지고, 냄새 맡는다. 예수 그리스도 그분은 하나님의 사랑을 우리에게 보여주기 위해 십자가에 달려 죽으셨다. 은혜이다. 그분은 죄와 죽음의 권세를 이기고 부활하심으로써 하나님의 능력을 우리에게 보여주셨다. 진리이다. "내가 너를 만들었고, 내가 너를 구속했고, 내가 너를 사랑한다"라고 말씀하시는 하나님의 마음과 말씀이 육신이 되었다. 예수님은 하나님의 메시지이다.

말씀이 육신이 되어 우리 가운데 거하시매 우리가 그의 영광을 보니 아버지의 독생자의 영광이요 은혜와 진리가 충만하더라(요 1:14).

하나님께서는 지금도 그분의 메시지를 세상에 드러내신다. 당신이 성경을 중심으로 설교할 때, 하나님께서 그분의 메시지를 드러내신다. 교우들이 자신의 생활을 통해 하나님나라를 드러낼 때, 하나님께서 그분의 메시지를 보여주신다. 하나님께서는 역사, 정치, 경제, 문화, 교육, 과학, 예술, 자연 등 모든 영역에서 그분의 메시지를 드러내신다.

모든 사람은 모든 상황 속에서 어떤 메시지를 듣는다. 지하철, 회의실, 식당, 거래처, 카페, 노래방, 공연장, 운동장, 시민 공원 등 모든 영역에서 쉴 새 없이 흘러나오는 메시지를 듣는다. 그 메시지가 내면의 건강에 도움이 될지, 그저 그럴지, 아니면 해가 될지 생각해 봐야 한다. 사람들은 음식을 먹기 전에 잠시 '이 음식이 몸에 좋을까? 좋지 않을까? 그저 그럴까?'를 생각한다. 당신은 교우들이 메시지에 대한 감각이 회복될 수 있도록 도울 수 있다. 모든 상황 속에서 들려오는 메시지를 구분하고, 그 메시지가 내면의 건강에 도움이 되는지 살피고, 도움이 되는 메시지만 받아들이도록 도와야 한다.

당신의 인생에서 경험한 메시지 탐색하기

우선 메시지에 대한 감각을 회복하는 것부터 시작하자. 조금 어려운 작업이 될 수도 있다. 집중력이 필요하다. 당신은 하나님께서 당신 인생의 주인이심을 믿는가? 하나님께서 섭리 안에 계시다는 것을 믿는가? 하나님께서 당신의 인생을 선하게 인도하시는 것을 신뢰하는가? 그렇다면 지금까지 만난 모든 사람과 경험한 모든 사건이 하나님의 은혜 안에 있다는 사실을 받아들이는가?

이상의 모든 질문에 "아멘"이라고 대답했다면 당신은 축복받은 사람이다. "아멘"이라고 대답하고 싶은 마음이 있어도 축복받은 사람이다. "아멘" 소리가 도저히 나오지 않는 사람도 언젠가는 반드시 "아멘"이라고 하게 될 텐데, 그때 그는 얼마나 깊이 있게 성장한 사람이 되어 있겠는가? 그러므로 그도 축복받은 사람이다. 그러므로 당신이 경험한 모든 만남과 사건은 하나님께서 당신의 성장을 위해 허락하신 선물이다!

이제 당신의 삶을 돌아보자. 당신이 자라면서 소속되었던 공동체별로 기억나는 경험을 한두 가지 기록해 보라. 그리고 그 공동체의 권위자, 즉 가정에서는 부모, 교회에서는 목회자나 교사, 학교에서는 교사가 당신에게 했던 말 중에 기억나는 것이 있으면 한두 가지 기록해 보라. 그 내용이 긍정적이든 부정적이든 상관없다. 그 만남과 사건을 허락하신 하나님께서 그것을 통해 당신에게 전하고자 하셨던 메시지는 무엇이었는지 생각해 보자. 자! 이제 시작해 보라. 나는 잠시 물러나 당신을 위해 기도하고 있겠다.

※ 나의 마음에 새겨진 메시지 탐색하기

	기억나는 일	권위자가 했던 말	하나님의 메시지
가정			
학교			
교회			
기타			

교우가 공동체에서 듣는 메시지 탐색하기

당신의 공동체도 당신과 교우에게 메시지를 전하고 있다. 한번 생각해 보라. 교회가 마련하는 자리, 즉 주일 예배, 양육 과정, 봉사 현장, 교제 모임 그리고 전도 활동에 참여하는 교우들은 어떤 메시지를 듣게 되겠는가? 관계 속에서, 즉 목회자들의 관계, 교우들의 관계, 지역 주민과의 관계 속에서 어떤 메시지를 듣게 되겠는가? 업무 속에서, 즉 사역을 기획하고 준비하고 진행하고 평가하는 과정에서 어떤 메시지를 듣게 되겠는가? 공간 속에서, 즉 예배실, 강의실, 소그룹 실, 기도실, 식당, 주방, 주차장, 현관, 로비 등에서 어떤 메시지를 듣게 되겠는가?

	현재 상황	메시지	보완점
설교 내용			
목회자 이미지			
지도자 이미지			
공동체 관계			
사역 내용과 방식			
갈등(문제) 해결 방식			
건물과 공간			
기타			

1) 회중이 기억해야 할 성경적 메시지 탐색하기

앞에서 회중이 살고 있는 삶의 자리를 생각해 봤다. 공동체별로 조금씩 차이가 있겠지만 다음세대에서는 부모, 성적, 외모 등의 항목이, 기성세대에서는 가족, 경제, 건강 등의 항목이 공통되게 정리되었을 것이다. 그런데 회중이 기억해야 할 성경적 메시지를 탐색한다는 것은 그런 항목과 관련된 설교 본문을 찾고, 그에 대한 성경의 기준을 설명한다는 뜻이 아니다. 그보다는 예배 시간에 선포되는 설교를 중심으로 공동체 안에서 이루어지는 모든 관계와 사역, 공간 등을 통해 교우들에게 전달되기를 바라는 메시지를 정리한다는 의미이다.

예를 들어, "하나님은 당신을 사랑하십니다"라는 메시지를 전하기 위해 주일 예배 시간에 설교를 했다고 생각해 보자. 당신이 부교역자나 장로, 사찰 집사를 대할 때 어떻게 하면 그 메시지가 더 선명해지겠는가? 당신이 심방할 때, 남선교회 체육대회를 준비할 때, 이웃 편의점에 물건을 사러 갈 때 어떻게 하면 그 메시지가 더 선명해지겠는가? 성경적 메시지를 정리한다는 것은 설교, 사역, 관계 등 모든 것을 통해 당신이 교우들에게 전하고자 하는 하늘의 메시지를 살피는 과정이다.

나는 예수님의 성장에 대해 언급한 성경 말씀을 근거로 성장의 영역을 영적, 지적, 정서적, 사회적, 신체적으로 설명했다. 당신이 성경적 메시지를 탐색하는 데 도움이 되도록 이 다섯 가지 영역에 세 가지 영역을 더해 다음의 표를 만들었다. 이제 교우들을 위해 당신이 전하고 싶은 영혼의 양식을 영역별로 정리해 보라.

영역	영역별 건강한 모습	성경적 메시지
믿음 영역		
영적 영역		
지적 영역		
정서적 영역		
사회적 영역 (관계)		
신체적 영역 (생활)		
순종 영역		
소망 영역		

2) 영역별 성경적 메시지 소개

이제 소개할 내용은 내가 다음세대를 대상으로 목회하면서 정리한 것이다. 모든 회중에게 적용하기에는 다소 무리가 있지만, 성경적 메시지를 탐색하는 데 도움이 되기를 바란다.

① 믿음 영역의 메시지: 하나님의 언약이 나의 인생 가운데 성취될 것을 신뢰한다.

우리나라 문화에는 무속적인 면이 있다. 불교, 유교, 도교 등도 원래의 철학적 배경과 달리 백성들의 생활에 무속적으로 자리 잡았다. 기독교도 마찬가지여서 우리나라 기독교인의 믿음에는 무속적인 면이 있다. '내가 원하는 것을 하나님으로부터 얻어 내는 능력'이 곧 믿음이라고 생각한다. 믿음이 좋으면 원하는 것을 얻고, 믿음이 적으면 원하는 것을 얻지 못한다고 느낀다.

예수님께서 말씀하셨다. "너희가 내 안에 거하고 내 말이 너희 안에 거하면 무엇이든지 원하는 대로 구하라 그리하면 이루리라"(요 15:7). "원하는 대로 구하라"니 이 얼마나 매력적인 말인가? 믿음 하나면 구하는 대로 다 받을 수 있다니…. 하지만 우리는 "너희가 내 안에 거하고 내 말이 너희 안에 거하면"이라는 말씀에 주의를 기울여야 한다. 주님의 뜻이 나의 뜻이 되고, 나의 뜻이 주님의 뜻이 되는 것이 먼저이다.

아이들에게 온전한 믿음에 관해 가르치지 않는다면 어떤 일이 벌어지겠는가? 삶의 자리에서 내적인 혼란을 겪고 있는 청소년은 자신의 생활에 변화가 일어나기를 간절히 기도한다. 아버지와 어머니의 관계,

가정 경제와 분위기, 인생 전망, 성적, 친구 관계, 외모 그리고 성격의 변화를 위해 간절히 기도한다. 믿음만 있으면 원하는 것을 모두 얻을 수 있다고 하니 얼마나 간절히 기도하며 매달리겠는가?

그런데 변화가 쉽게 일어나지 않는다. 삶이란 게 그렇지 않던가. 정성껏 살다 보면 느끼겠지만 감사함으로 받아들여야 할 것이 있다. 부모, 외모, 성격 같은 것이 그렇다. 또한 농부의 자세로 꾸준히 가꾸어야 하는 것이 있다. 진로, 성적, 관계 등이 그렇다. 어쨌거나 간절히 기도하며 매달렸는데도 변화가 일어나지 않으면 아이들은 매우 당황한다. 앤디 스탠리 목사는 이런 상황이 되면 아이들이 보통 세 가지 생각을 한다고 말한다. 첫째, '내 믿음이 잘못된 거 아닌가?' 둘째, '하나님이 나만 싫어하시나?' 셋째, '하나님이 안 계신 거 아닌가?' 이런 생각은 우울한 마음을 불러일으킨다.

진정한 믿음은 '성경에 나타난 하나님의 언약이 나의 인생 가운데 성취될 것을 신뢰하는 것'이다. 성경에는 하나님께서 믿음의 사람에게 하신 약속이 기록되어 있다. 당신은 아이들에게 하나님의 약속이 지닌 가치와 그 약속을 신뢰하고 살아가는 사람들이 누리는 아름답고 의미 있는 인생을 보여주어야 한다. 주님의 뜻이 그분의 방법으로 그분의 때에 온전히 성취될 것을 신뢰하고 기다리는 자의 담대한 여유를 누릴 수 있도록 안내해야 한다.

② 영적 영역의 메시지: 예수님의 관점으로 나 자신과 세상을 바라본다.
'영적 능력' 하면 신비로운 이미지가 떠오른다. 영적 능력을 방언, 축귀, 예언, 통변 등이라고 생각하기 때문이다. 이것은 성령의 선물이다. 하나

님께서 주시는 것이지 내가 원한다고 소유할 수 있는 게 아니다. 아이들도 영적 능력에 대해 비슷한 오해를 한다. 오래 기도하는 것, 크게 찬양하는 것, 눈물을 흘리거나 주체할 수 없는 감동에 휩싸이는 것을 영적 능력으로 여긴다. 그러나 그것은 영적 능력이 아니다.

만약 그런 것이 영적 능력이라고 한다면, 우리 아이들 중 영적 능력이 있는 아이가 몇 명이나 되겠는가? 교회에서 5퍼센트 정도? 아마도 나머지 아이들은 자신에게 영적 능력이 없다고 느낄 것이다. 이런 느낌은 '나는 하나님과 친하지 않아', '하나님과 친한 아이들은 따로 있어'라는 생각으로 이어진다.

성경이 말씀하는 영적 능력은 '주님의 시선으로 나 자신과 세상을 바라보는 능력'이다. 교회에서 기획하고 진행하는 훈련은 대부분 주님의 시선으로 자신과 세상을 볼 수 있도록 돕는다. 이런 훈련은 과도기적 혼란을 겪는 아이들에게 가장 필요하다. 자신의 마음과 생각에 흘러들어 온 세속적 가치에 근거해 자신을 평가하거나 사람들과 사건을 바라보지 않도록 도와야 한다.

세상은 자신의 감정과 정서가 진실이요 진리라고 가르친다. 아이들은 자기감정에 충실하게 행동하며 '자유롭다'고 느낀다. 통합되지 않는 내면과 혼란스러워지는 주변 상황에 대해 책임질 능력은 없다. 이런 상황을 벌이는 아이들을 어른들은 못마땅하게 바라본다. 아이들도 스스로를 못마땅하게 여긴다. 당신은 아이들에게 세상의 가치와 건강한 거리를 두도록 가르쳐야 한다. 아울러 그럼에도 불구하고 주님이 그들을 얼마나 사랑하시는지도 알게 해주어야 한다.

이에 교회는 아이들이 오직 주님의 눈으로 자신과 세상을 바라볼 수 있도록 도와야 한다. 하나님께서 사랑의 눈으로 나를 바라보신다는 진리를 받아들이도록 양육해야 한다. 내가 악하고 약해서 하나님의 뜻을 따르지 못할 때가 많고, 심지어 하나님께 등을 돌릴 때도 있지만, 그럼에도 불구하고 하나님께서 사랑의 눈으로 나를 바라보신다는 사실을 알도록 도와주어야 한다. 이런 사실에 대한 근거와 이야기는 성경에 가득하다.

아울러 하나님께서 세상을 어떻게 바라보시는지 알게 해주어야 한다. 하나님께서 세상을 얼마나 사랑하시는지, 죄와 허물에 빠진 사람들을 구원하기 위해 어떤 대가를 치르셨는지, 세상의 모든 공동체와 삶의 영역에 그분의 다스림이 드러나도록 하기 위해 어떤 계획을 가지고 계신지, 나는 하나님께서 주도하시는 세상의 역사에 어떻게 동참할 수 있는지 생각하고 준비할 수 있도록 해야 한다.

③ 지적 영역의 메시지: 성실하게 배우고 주님을 인정하고 바르게 선택한다.

우리나라 아이들은 학업 시간이 많다. 세계에서 제일 많다고 한다. 반면에 학업에 대한 흥미는 심각하게 낮다. 어릴 때부터 하기 싫은 일을 무척 오래하며 자랐기 때문이다. 그래서 우울해한다. 학습된 무력감에 빠져 있다. 아이들을 보면 짠하다. "공부를 더 열심히 하라"고 말하기도 뭣하고, "공부가 다가 아니니 그만둬라"고 말하기도 뭣하다. 지금 우리나라는 어른이나 아이들이나 모두 이러지도 저러지도 못하는 상황이다. 왜 이렇게 되었을까?

여러 가지 이유가 있겠지만 내 생각에는 어른들이 아이들에게 심어

준 학습에 대한 오해 때문이다. 아이들은 어릴 때부터 '성적=성공=행복'이라는 공식을 외우고 산다. 좀 더 구체적으로 말해 좋은 성적, 좋은 대학, 좋은 직장, 좋은 결혼, 좋은 육아, 좋은 노후, 좋은 인생이 연속선상에 있다고 느낀다. 다른 사람보다 더 좋은 인생을 누리려면 다른 친구보다 더 좋은 성적을 얻어야 한다고 생각한다. 그것도 당장!

친구를 이겨야 행복할 수 있다는 분위기 속에서 학습하는 아이들의 부담감이 얼마나 크겠는가? 당장 중간고사 한 과목의 점수가 내신에 직결되고, 내신 성적이 대입으로 이어지는 비인격적인 연결 고리가 아이들의 목을 조인다. 아이들은 배우고 익히며 자라는 기쁨을 반납당한 채 경쟁에 내몰리고 있다. 당신은 아이들에게 자라남의 가치와 학습의 기쁨을 바르게 알려줄 의무가 있다.

지금 당장 눈에 보이고 손에 잡히는 것을 선택하는 데 익숙해진 아이들이 다음을 생각하며 시간과 재능을 분별 있게 사용할 수 있도록 도와야 한다. 교회는 아이들에게 다음을 생각하는 자세를 요청할 필요가 있다. 지금 나의 선택이 잠시 후 어떤 결과를 불러올지 고민하는 습관을 들이도록 도와야 한다. 다음을 선택한다는 것은 곧 안목을 확장하는 것이다. 안목 확장은 기도, 독서, 학습, 대화, 여행, 경험 등을 통해 이루어진다. 그러므로 아이들이 다양한 경험을 통해 학습할 수 있도록 자극하는 것이 중요하다.

학습은 경험과 만나 지혜가 된다. 지혜는 '다음을 생각하고 선택하는 능력'이다. 아이들은 역사의 흐름 속에서 하나님의 섭리를, 자연 만물 가운데서 하나님의 임재를, 사회 공기와 같은 정치, 경제, 문화, 교육 등에서 하나님의 뜻을 알게 된다. 그렇게 평생 관찰하고, 읽고, 쓰고,

생각하고, 반응하면서 하나님을 알아간다. 그러므로 아이들은 자기에게 맞는 학습 방법을 찾아야 한다. 평생 배우고 익히며 지혜로워져야 하기 때문이다.

더 중요하게는 다음의 다음, 그 다음의 다음인 궁극적인 종말을 주관하시는 하나님께 의지하는 법을 가르쳐야 한다. 사람이 다음의 다음을 예측하더라도 궁극적인 다음은 하나님께서 주관하시기 때문이다. 그러므로 교회는 아이들의 관심을 '성적'에서 '성실'로 옮겨 주어야 한다. 오늘 하루, 지금 이 순간 내 앞에 있는 책에 집중할 수 있도록, 겸손하고 성실한 태도로 배우고 익히도록 도와야 한다. 그리고 기도하고 공부하도록 안내하는 것이 중요하다.

④ 정서적 영역의 메시지: 내 마음과 생각을 있는 그대로 인정한다.
어른들은 그리스도인의 정서와 관련해 이렇게 말한다. "예수님께서 우리의 죄와 허물을 대신 해결하셨으니 밝고 맑게 살아라." "날마다 즐겁고 행복하고 근심 없이 살아라." "하나님을 믿는 사람들의 마음은 늘 밝고 맑다." 언제 어디서나 스마일을 강조한다. 교우들은 교회에 오면 늘 밝은 모습만 보이려고 한다. 기도 제목을 나눌 때도 가려서 한다. 하지만 사람이 어떻게 매일 밝고 맑을 수만 있겠는가? 그게 가능한가?

과도기적 혼란 가운데 있는 우리 아이들은 종종 아무도 자신을 소중하게 생각지 않는 것처럼 느낀다. 외로우니까, 앞으로 잘 살아낼 자신이 없으니까, 두려우니까, 자꾸만 실수해서 우울하니까 축 처진 모습으로 교회에 온다. 그런 아이들에게 밝고 맑은 모습으로 당당하게 서 있으라고 가르치거나, 그렇게 보이려고 노력하는 어른들을 바라보는 아이들은 속으로 무슨 생각을 할까? '저분 성격 참 좋으시네. 그런데 집에서도 과연 그러실까?'라고 생각지는 않을까?

성경은 사람이 경험하는 정서는 모두 의미가 있다고 말한다. 하나님 안에서 기쁨도 슬픔도, 즐거움도 우울함도, 차분함도 분노도, 애정도 미움도 모두 영혼의 자양분이 된다. 옛 이스라엘의 밭은 매우 지저분했다. 당시에는 은행이 없어서 재산을 밭에 숨겨 놓았다. 아버지가 그렇게 보물을 숨겨 놓고 갑자기 돌아가시면 아무도 모른다. 어떤 사람이 우연히 그 보물을 발견하고는 다시 덮어 놓고 돌아와 전 재산을 팔아 그 밭을 샀다. "천국은 마치 밭에 감추인 보화와 같"다고 성경은 말한다(마 13:44).

맞다. 천국은 밭에 감추인 보화이다. 보물은 더러운 밭 가운데 묻혀 있다. 하나님나라, 하나님의 임재와 통치는 이스라엘의 밭처럼 건조하고 투박한 일상에 숨겨져 있다. 너무 수치스러워 하나님과 사람 앞에서 숨기고 싶은 것, 자기 자신에게도 숨기고 싶은 것, 온갖 아픈 경험, 상처와 쓴 뿌리, 그것으로 인해 발생하는 모든 생각, 느낌, 정서 그리고 감정이 자양분이 되어 하나님의 임재를 영적인 피부로 깊이 느끼게 되는 것이다.

아이들은 자신 안에 있는 생각, 의식, 감각, 정서를 마주할 때 당황한다. '내가 어떻게 이런 생각을?' '다른 사람들이 알면 어떻게 생각할까?' 하나님도 모르셨으면 좋겠는데 그러실 수 있겠는가? 그래서 아이들은 내면에 계신 하나님을 모른 척 하는 데 조금씩 익숙해진다. 이제 당신은 아이들이 자신의 정서를 있는 그대로 인정하도록 도와야 한다. 말 밥그릇 같은 마음에 함께하시는 주님을 소개해야 한다.

자기 내면의 정서를 그대로 인정하기 시작하면 하나님께서 자신을 있는 모습 그대로 사랑하신다는 진리를 이해하기 시작한다. 자신을 있는 모습 그대로 수용하시는 하나님을 경험한다. 그로 인해 생긴 여유와 용기로 다른 사람을 인정하고 수용하기 시작한다. 정서적 훈련은 자신의 모습과 상대방의 모습을 그대로 이해하고 수용하는 것이다.

⑤ 관계 영역의 메시지: 상대방의 성장에 도움이 되기 위해 나의 성장에 집중한다.

아이들은 때때로 자신의 생각과 느낌을 스스로도 이해하지 못한다. 자신이 지금 이런 상황에서 이런 생각과 느낌을 갖는 것이 정상인지 고민한다. 그런 자신을 못마땅해한다. '내가 생각해도 내가 이상해'라고 생각한다. 스스로를 어색해하니 모든 것이 어색해진다. 상황에 따라 적절하게 처신하지 못한다. 어떤 표정으로, 어떤 음성으로, 어떤 태도로 그 자리에 머물러야 할지 모른다. 그러니 짜증이 난다. 주변에게, 자기 자신에게….

그런 아이들을 보는 어른들도 마찬가지이다. '쟤는 뭔가 이상해. 딱 꼬집어 말할 수는 없지만 하여튼 이상해. 왜 저러는지 몰라'라고 생각한다. 아이들도 어른들의 그런 생각을 안다. 어른들이 보내는 못마땅한 시선을 느낀다. 그런 어른들이 마음에 들지 않지만, 어른들의 기대에 부응하지 못하는 자신도 마음에 들지 않는다. 나중에는 자신을 이 지경으로 몰아가는 것이 어른들이라고 느낀다. 그러니 짜증이 난다. 어른들에게, 계속 밀리는 자신에게….

아이들은 친구를 좋아한다. 친구들과 있으면 편하다고 한다. 왜 편할까? 숨은 의도가 없기 때문이다. 당신의 경우를 생각해 보라. 당신은 언제 편안함을 느끼는가? 누구와 만나면 편한가? 어른들에게는 숨은 의도가 있다. 모든 대화 속에 아이들이 더 잘했으면 하는 의도를 숨기고 있다. 숨은 의도는 아이들을 숨막히게 한다.

아이들은 친구와 함께 있으면 안정감을 느낀다. 무엇을 해도 다 받아줄 것 같은 수용성을 즐긴다. 아이들에게 가장 영향력 있는 집단은 친구이다. 아이들은 친구들에게 인정받고 싶어 한다. 어떤 의도가 없는 친구에게 인정받고 싶어 하다니 좀 이상하지 않은가? 하지만 사람은 그런 존재이다. 신뢰하는 사람에게 인정받고 싶어 하는 존재이다. 어른들은 그 점을 모른다. 아이들은 친구가 원하는 것은 무엇이든 들어주고 싶어 한다. 아이들은 선택의 순간에 신앙, 도덕, 윤리보다 '친구가 원하는 것'을 더 중요하게 여긴다. 그런 것을 우정이라고 생각하는 경향이 있다.

하지만 성경은 좋은 관계란 '상대방의 성장을 돕기 위해 나 자신의 성장에 집중하는 것'이라고 가르친다. 친구가 균형 있게 성장하면서 하나님의 부르심에 응답하는 삶을 살 수 있도록 돕는 것이 좋은 관계의 열매이다. 그렇게 하려면 아이들은 자신이 균형 있게 성장하는 것에 집중해야 한다. 당신은 아이들이 친구를 돕기 위해서는 스스로 성장하는 것이 가장 좋은 방법이라는 사실을 지속적으로 알게 해주어야 한다.

⑥ 생활 영역의 메시지: 지속적으로 성장하기 위해 생활의 질서와 순결을 유지한다.

앞에서 소개한 영적, 지적, 정서적, 관계 능력이 내용물이라면 생활 훈련은 그 내용을 담는 그릇과 같다. 즉 생활 훈련이 잘 되어야 영적, 지적, 정서적, 사회적으로 지속적인 성장을 도모할 수 있다. 그릇이 훼손되면 아무리 좋은 내용물이라 하더라도 땅에 쏟기는 것처럼, 아무리 다양한 훈련을 잘 받는다고 해도 생활 훈련이 되어 있지 않으면 모든 게 허사가 될 수 있다.

이렇게 중요한 생활 훈련이지만 우리 아이들은 생활 훈련에서 열외를 받는 경우가 많다. "너는 공부만 열심히 하면 돼." "누가 너더러 집안 일에 신경 쓰라고 했어." 가정에서도 아이들은 모든 가사에서 열외를 받는다. 자기 방, 잠자리, 식사하고 난 빈 그릇, 벗어 놓은 옷을 정리하는 일이 드물다. 심지어 학원 수강 시간표 작성, 입을 곳 고르기도 모두 부모가 대신 해준다. 학교에서도 주요 과목을 제외하고는 모두 자습으로 대체한다. 운동도, 음악도, 미술도 안 한다.

어른들이 정한 것을 따라 살아가는 데 익숙해진 아이들은 자율성을 잃어버린다. 목표를 세우고, 우선순위를 정하고, 계획을 세우고, 일과를 운영하는 것을 배우지 못한다. 주위에서 요구하는 급한 일을 해결하느라 정신이 없기 때문이다. 하나님께서 창조하신 자율적, 독립적, 주도적인 삶을 상실한 아이들은 심각한 부담감에 빠져 살아간다. 항상 스트레스 상황이다.

스트레스 상황이 지속되면 외부 자극에 쉽게 반응하게 된다. 세속 문화에 쉽게 휩쓸린다. 과도한 소비, 소소한 일탈, 골 깊은 중독에 빠져

든다. 생활의 질서가 무너진다. 시간, 재정, 건강, 에너지를 낭비하게 된다. 상식, 신념 그리고 신앙이 무너지면서 생활이 혼탁해진다. 아이들은 '하나님도 나 같은 사람은 용납하기 어려우실 거야', '이미 망가진 거 이제부터 내 맘대로 함부로 살아야지', '누구의 이야기도 안 들을 거야. 난 이제 혼자야'라고 생각한다.

그런 아이들에게 당신은 주님의 크신 사랑과 다함 없는 은혜의 메시지를 들려주어야 한다. 항상 다시 시작할 수 있다고 격려해야 한다. 과거에 대한 후회와 미래에 대한 염려에서 벗어나도록 도와야 한다. 지금 여기에서 대속의 은혜, 부활의 능력, 영생의 소망을 품고 일어설 수 있도록 도와야 한다. 성삼위 일체 하나님의 구속의 은혜를 실존적으로 경험할 수 있도록 도와야 한다.

아이들이 하나님 안에서 자기 삶의 가치를 깨닫고, 궁극적인 목적과 장기 목표를 정하고, 장·단기 계획에 따라 우선순위를 정하고, 하루 일과에 따라 열정적으로 살아갈 수 있도록 안내해야 한다. 건강, 시간, 재정, 에너지를 자기답게 운영할 수 있도록, 그래서 하나님나라를 위해 한 귀퉁이에서 심부름꾼 노릇을 하며 살아갈 수 있도록 도와야 한다.

⑦ 순종 영역의 메시지: 세워진 권위에 순종하며 선택의 폭을 넓힌다.
아이들이 가장 원하는 것은 자유이다. 어디에 갇힌 것도 아닌데 왜 아이들은 그토록 자유를 원할까? 물어보니 "답답해서"라고 대답한다. 어른들의 잔소리를 듣고 있으면 답답하다고 한다. 나는 잔소리를 '같은 내용을 잘게 썰어서 반복적으로 하는 말'이라고 정의한다. 잔소리를 분석해 보니 그렇다. 단순한 내용을 다양한 방법으로 반복적으로 말

하면 잔소리가 된다. 사람은 같은 말을 세 번 이상 들으면 오히려 그 일을 하기 싫어진다고 한다. 그래서 잔소리가 효과가 없나 보다.

어른들이 아이들에게 하는 잔소리의 내용은 단순하다. 대부분 시간과 태도에 관한 잔소리이다. "일찍 들어와라." "학교 늦지 마라." "예배 마치면 바로 와라." "50분 공부하고 10분 쉬어라." 모두 시간에 관한 내용이다. "인상 쓰지 마라." "동생 때리지 마라." "다리 떨지 마라." 모두 태도에 관한 내용이다. 왜 어른들은 시간과 태도를 강조할까? 살아 보니 그것이 중요하기 때문이다. 사람 구실을 하려면 그 두 가지 정도는 꼭 지켜야 되더라는 것이다. 그런데 아이들이 영 정신을 못 차리는 것 같으니 답답한 마음에 잔소리를 하는 것이다.

어떻든 아이들은 어른들의 마음도 모르고 불평이다. 자유를 달라는 것이다. 아이들은 자유란 '내가 원하는 것을 마음대로 할 수 있는 상태'라고 생각한다. 어른들의 말씀을 듣지 않고 반항하는 것을 자유라고 여긴다. 지켜야 할 것을 무시한 태도를 친구에게 자랑삼아 말하기도 한다. 하지만 그것은 자유가 아니다. 연이 줄에서 끊기면 잠시 바람에 날리며 자유롭게 춤추는 듯하지만 곧 땅바닥에 곤두박질하는 것과 같다.

성경은 진정한 자유란 '하나님께서 세우신 권위자에게 순복함으로써 누리는 것'이라고 가르친다. 자신이 속한 공동체의 권위자들과 신뢰 관계를 쌓고, 권위자가 허락하는 자율권의 범위가 넓어지는 것과 비례해서 누릴 수 있는 자유도 많아진다. 당신은 아이들이 자신이 속한 공동체의 권위자들과 신뢰를 쌓아 갈 수 있도록 도와야 한다. 그 권위에 진심으로 순종하는 것부터 가르쳐야 한다.

실제로 다니엘은 적국의 포로로서 환관장의 권위에 순복함으로써 신뢰 관계를 형성한 후 선택의 폭이 넓어졌다. 요셉도 보디발의 명령에 순복함으로써 당장은 어려움을 겪었지만 장기적으로는 선택의 폭이 넓어졌다. 덕분에 자유롭게 국가와 가문을 위해 일할 수 있었다. 그러므로 당신은 아이들이 하나님께서 세우신 권위를 존중하고 정중하게 자신의 생각과 마음을 나눌 수 있도록 교육해야 한다.

"목사님, 엄마가 이번 수련회에 못 가게 해요. 하지만 저는 무조건 갈 거예요. 목사님이 기도하고 우리 엄마 좀 책임져 주세요"라고 말하는 아이들이 있다. 그러면 나는 그 아이를 집으로 돌려보낸다. "하나님께서 네 엄마를 너의 권위자로 세우셨으니까, 네 엄마의 허락 없이는 너를 수련회에 데리고 갈 수 없다. 엄마를 설득할 수 있을 만큼 신뢰를 쌓아라. 그리고 허락받은 다음에 와라. 기도하며 기다리마."

⑧ 소망 영역의 메시지: 하나님의 부르심에 응답하며 나의 길을 걸어간다.
어른들은 아이들의 소망에 관심이 많다. 어른들이 소망한 세상에서 아이들이 살아가기 때문이다. 이제 아이들이 소망하는 세상에서 그 아이들의 아이들이 살아갈 것이다. 그래서 물어본다. "너 장래 희망이 뭐니?" 내가 어릴 때는 나오는 대답이 비슷했다. 대통령, 장군, 의사, 판사…. 참 재미없다. 어미 새가 물어다 주는 벌레를 받아먹으려는 새끼 새처럼 나는 종알종알 같은 대답을 하곤 했다.

이제 어른인 내가 아이들에게 묻는다. "너는 어떤 사람이 되고 싶니?" 아이들의 입에서 나오는 대답이 저마다 다르다. 프로게이머, 카페 사장, 자전거 여행가, 우주인, 헤어 디자이너, 인권 변호사 등 수도 없이 많다. 그렇게 대답했던 아이들이 어느덧 컸다. "왜 그런 사람이 되고 싶니?"라고 물으니 '돈' 때문이란다. '안정' 때문이란다. 어떻게든 돈을 많이 벌어서 안정적으로 살고 싶단다. 그래서 어떤 직업을 갖든지 돈을 많이 벌 수 있는 방법을 찾느라 정신이 없다. 다들 '대박'이 꿈이다.

성경은 하나님의 부르심은 개별적이고 독특하다고 가르친다. 아이들을 만드셨기에 그들을 잘 아시고 돌보시는 주님께서 아이들과 함께 하고 싶어 하시는 일이 있다. 첫째는 그 아이와 동행하는 것이고, 둘째는 그 아이와 함께 이 세상 한 귀퉁이를 정성껏 가꾸시는 것이다. 동행과 가꾸는 꿈은 다른 누군가가 대신 해줄 수 없는 일이다. 그 아이만이 할 수 있는 일이다. 하나님 앞에서 그 아이는 고유한 가치가 있다.

그러므로 하나님의 부르심은 아이들이 저마다 스스로 감당해야 하는 거룩한 영역이다. 사무엘이 엘리 제사장을 넘어 하나님의 부르심에 단독자로 응답했던 것과 같다. 아이들은 하나님의 부르심에 응답하면서 자신의 고유한 가치를 더욱 분명하게 확인하게 된다. 과도한 경쟁과 무분별한 흉내에서 벗어나 자기 길을 걸어가게 된다. 자신이 좋아하고 잘하는 것으로 다른 사람에게 도움이 되는 인생을 가꾸어 간다.

당신은 아이들이 하나님의 부르심을 경청할 수 있도록 도와야 한다. 아이들이 성령의 은사와 재능을 확인하고 계발할 수 있도록 도와야 한다. 아이들이 무엇을 좋아하고 무엇을 잘하는지 스스로 찾을 수 있도록 도와야 한다. 그리고 하나님나라가 이 세상에 모습을 드러내기까지 다른 사람에게 도움이 되는 인생을 살도록 격려해야 한다. 그리고 이 모든 과정에 묵묵히 동행해야 한다.

6장. 공동체의 내적 구조 이해

도공들은 도자기를 만들기 위해 온 힘을 다한다. 도자기를 만들기 위해 준비하는 과정을 보면 마치 수도자 같다. 도자기를 빚어 만들고 마무리할 때에는 마치 시집가는 딸을 치장하는 어머니 같다. 도공들이 중요하게 여기는 것은 불과 흙이다. 불을 잘 다루어야 한다. 불의 온도와 세기에 따라서 도자기의 색상과 모양과 질감이 결정된다. 흙은 더 중요하다. 흙은 도자기 자체이다. 좋은 흙을 찾기 전에는 아무것도 시작할 수 없다. 좋은 흙을 찾은 도공은 그 흙을 정성껏 반죽한다. 한 손으로는 밀어내고, 다른 한 손으로는 끌어당기는 동작을 반복하면서 흙 사이의 공기를 빼내고 점력을 높인다.

공동체의 내적 구조에 대한 이해

공동체의 내적 구조를 정리하는 과정은 도공의 토련 과정과 비슷하다. 당신은 지금까지 발견하고 정리한 목회 철학, 공동체의 토양, 동역자 관계, 회중의 삶의 자리, 성경적 메시지를 정성껏 반죽하는 과정을 거쳐야 한다. 마음의 손으로 밀어내고 생각의 손으로 끌어당기면서 다섯 가지 요소가 한 덩어리가 되도록 해야 한다. 일관성 있고 유기적인 구조를 갖도록 해야 한다.

공동체의 구성원들은 신앙의 순례를 함께하는 사람들이다. 많은 사람들이 함께 여행하는 것을 상상해 보라. 제일 앞에서 걷는 사람, 중간에 무리 지어 걷는 사람, 뒤에서 따라오는 사람 그리고 중간에 유입되는 사람이 있을 것이다. 당신은 모든 구성원들이 함께 여행을 마칠 수 있도록 도와야 할 책임이 있다. 아울러 세상 사람들이 이 여행의 가치를 알고 동참할 수 있도록, 즉 믿지 않는 사람들이 교회 공동체에 합류하여 하나님의 사랑을 알고 예수 그리스도를 영접하고 성령의 능력 안에 살아갈 수 있도록 최선을 다해 도와야 한다.

내적 구조를 이해한다는 것은 첫째, 구성원들의 신앙 단계를 이해하는 것이다. 이는 공동체의 유입 단계로 볼 수 있다. 대개는 방문자, 정착자, 헌신자로 구분한다. 둘째, 구성원들의 흐름을 이해하는 것이다. 이는 구성원들이 현재 자신이 처한 단계에서 다음 단계로 넘어가려고 하는가에 관한 일이다. 셋째, 단계별 토양을 이해하는 것이다. 이는 각 단계의 토양, 즉 분위기 혹은 문화를 어떻게 조성해야 구성원들이 다음 단계로 나아가고 싶어 할 것인가에 관한 일이다. 마지막으로, 단계별 내용을 이해하는 것이다. 이는 단계별로 어떤 내용을 제공할 것인가에 관한 일이다.

1) 구성원의 단계에 대한 이해

첫 단계는 지역 주민이다. 지역 주민은 두 부류로 나눌 수 있다. 하나는 안면이 있고 인사하고 대화하는 정도의 사람이고, 다른 하나는 그들 중에서 교회에 초대한 사람이다.

두 번째 단계는 방문자이다. 방문자도 두 부류로 나눌 수 있다. 하나는 교회에 한번 들러본 사람이다. 친척집에 왔다가 교회에 방문한 사람, 정착할 교회를 찾기 위해 한번 들른 사람이 여기에 속한다. 다른 하나는 분위기가 마음에 들어 다시 교회를 방문하기 시작한 지 3개월이 넘지 않은 사람이다.

세 번째 단계는 정착자이다. 정착한 사람도 두 부류로 나눌 수 있다. 하나는 출석하기 시작한 지 3개월이 넘은 사람이다. 다른 하나는 주일예배 외의 예배와 봉사 혹은 훈련에 동참하는 데 관심을 보이는 사람이다.

네 번째 단계는 헌신자이다. 헌신자도 두 부류로 나눌 수 있다. 하나는 다른 교우의 봉사와 훈련을 돕는 이들로서 해당 사역의 봉사자이다. 다른 하나는 다른 교우의 봉사와 훈련을 책임지는 사람이다. 상당히 훈련된 사람으로서 해당 사역의 팀장 역할을 한다.

＊ 내부 구조에 나타난 단계별 상황

단계		이름	퍼센트
지역 주민	면대면, 대화, 초대 안 한 사람		
	면대면, 대화, 초대한 사람		
방문자	교회에 들른 사람		
	새로운 신자 (3개월 이상 출석)		
정착자	회중이 된 사람 (주일 예배 이외의 공예배 참석)		
	훈련 혹은 봉사에 참여하는 사람		
헌신자	다른 사람의 훈련과 봉사를 돕는 사람		
	훈련과 봉사에 책임을 지는 사람		

2) 구성원의 흐름에 대한 이해

당신의 공동체 안에는 흐름이 있는가? 즉 단계별 구성원들이 자발적으로 다음 단계로 넘어가고 있는가? 지역 주민이 방문하고, 방문자가 정착하고, 정착자가 헌신하게 되는 분위기가 있는가? 당신은 교우들과 함께 지역 주민이 '저 교회에 한번 가보고 싶다'고 느끼도록 도와야 한다. 방문자가 '다음 주에도 이 교회에 오고 싶다'고 느끼도록 도와야 한다. 정착자가 '주님의 말씀을 알고 따르고 싶다'고 생각하도록 도와야 한다. 헌신자가 '하나님나라를 위해 내 삶을 드리고 싶다'고 결심하도록 안내해야 한다.

① 지역 주민이 교회에 방문하는 흐름을 만들라

자신을 지역 주민이라고 생각해 보라. 당신은 언제, 어느 교회에 방문하고 싶은가? 누구에게 어떤 방식으로 초대받으면 좋겠는가? 교회는 이런 질문에 답하며 지역사회 안에 머물기 위해 노력해야 한다. 교우들은 가족과 친구를 어떻게 정중히 초대할지 생각해야 한다. 방문자가 편안하게 머물 수 있는 환경을 조성해야 한다.

② 교회에 방문한 사람이 공동체에 머무는 흐름을 만들라

당신이 이제 막 교회 공동체에 방문한 사람이라고 생각해 보자. 아직 하나님을 모르고 기독교 용어와 교회 문화가 생소하다. 이런 상황에서 교우는 '이 교회에 계속 다니고 싶다'고 느낄 만한 환경을 조성해야 한다. 한 달에 한 번 오던 사람이 두 번 오고, 가끔 오지 않던 사람이 매주 오게 되는 분위기를 만들어야 한다. 나중에는 '주님의 말씀대로 살고 싶다'라고 느끼도록 도와야 한다.

③ 교회 공동체에 정착한 사람이 헌신하는 흐름을 만들라

교회에 매주 출석하는 사람을 생각해 보자. 그에게는 매주 교회에 와서 예배하고 소그룹에 참여하는 것이 종교 행위의 전부이다. 복음의 진수는 잘 모른다. 하나님나라에 대한 이해도 없다. 자신을 향한 하나님의 부르심도 희미하다. 이런 사람이 '하나님의 뜻이 이 세상에 드러나는 데 쓰임받고 싶다'라고 느끼도록 도우려면 어떻게 해야 할까?

＊ 당신이 속한 공동체의 흐름을 점검해 보라

흐름	사람들의 생각과 느낌
지역 주민	나도 신에 대한 관심이 있다. 나도 기독교에 호감이 있다. 나도 영적인 이야기를 듣고 싶다. 나도 저 교회에 방문하고 싶다.
방문자	교회가 편안하다. 교회가 마음에 든다. 교회 안에 있는 사람들이 자연스럽고 편하다. 다음 주에 교회를 한 번 더 방문하고 싶다.
정착자	하나님이 어떤 분인지 궁금하다. 예배할 때, 마음이 편안하고 설교 때문에 생각할 게 생긴다. 성경 내용이 궁금하고, 기도를 하고 싶다. 교회 사람들과 이야기를 나누고 싶다.
	성경 말씀을 생활의 기준으로 삼고 싶다. 인생의 목적에 대해 알고 싶다. 하나님나라를 위해 쓰임받고 싶다. 성령님의 인도하심에 반응하고 싶다.
헌신자	사람들이 하나님을 만나면 좋겠다. 사람들이 모두 하나님의 사랑을 받고 행복해지면 좋겠다. 그들의 영혼을 위해 도움을 주고 싶다.

3) 단계별 토양에 대한 이해

단계별로 자연스러운 흐름을 만들기 위해서는 각 단계에 머무는 사람들이 적절한 생각을 하고 좋은 느낌을 가질 수 있도록 도와야 한다. 여기에서 말하는 적절한 생각과 좋은 느낌이란 다음과 같은 태도를 말한다. '나는 지금도 하나님과 교우들에게 사랑스러운 존재이지만 여기에 계속 머물러 있어도 되는 것은 아니야. 나는 다음 단계로 나아가기 위해 내가 할 수 있는 만큼 계속 노력해야 해. 조금씩 자라나야 해.' 사람들이 자연스럽게 이런 생각을 할 수 있도록 도우려면 어떻게 해야 하는가? 사람들이 쉽게 따라 할 수 있도록 무엇을 제시하면 좋겠는가?

① 공동체에 처음 방문한 사람을 배려하는 토양을 어떻게 가꿀 것인가?
지역 주민이거나 과거에 교회에 방문한 적이 있지만 지금은 다니지 않는 사람도 쉽게 다시 방문할 수 있는 공동체가 되려면 어떻게 해야 할까? 이것은 교회에 정착한 교우가 다른 사람들의 영혼에 관심을 갖도록 하는 일과 연관된다. 정착한 교우가 하나님을 모르는 사람들의 이름을 떠올리는 것을 습관 들이면 영혼에 대해 긍휼한 마음을 갖게 될 가능성이 늘어난다.

당신은 구체적으로 그에게 가족과 친구 중에서 교회에 다니지 않는 사람의 이름을 물어볼 수 있다. 가능한 매일 그 사람을 위해 기도할 것을 요청할 수 있다. 그리고 그 사람을 언제, 어떻게 교회에 초대할 것인지 항상 생각하라고 권면할 수 있다. 이런 질문은 개인뿐만 아니라 공동체 전체를 대상으로 지속적으로 할 수 있다. 이런 과정을 통해 공동체는 영혼에 관심을 갖는 체질이 된다. 그렇게 토양이 가꾸어진다.

② 공동체에 정착한 사람을 배려하는 토양을 어떻게 가꿀 것인가?

정착한 교우는 아직 하나님을 잘 모른다. 그냥 교회에 오는 것이다. 이런 교우가 유일하게 경험하는 종교적 행위는 예배이다. 모든 교우가 한 시간 동안 한 자리에 앉아서 하나님을 생각한다는 것은 놀라운 기적이다. 이 예배를 준비하는 데 최선을 다해야 한다. 설교는 회중의 삶의 자리에 대한 성경적 답변을 담고 있어야 한다. 설교자는 열정적이어야 한다. 열정은 진실에서 나온다. 찬양은 쉬워서 교우가 따라 부를 수 있어야 한다.

예배를 통해 교우는 하나님의 사랑을 경험한다. 그러면 자연스럽게 '잘살고 싶다'는 생각을 하게 된다. 생활의 질서를 잡아 줄 기준을 탐색하게 된다. 이런 교우에게 말씀 읽는 법과 기도하는 법을 안내한다. 가능한 매일 자신에게 적절한 분량만큼 기도와 말씀 생활을 할 수 있도록 돕는다. 그렇게 일상 가운데 나름대로 경건 훈련을 할 수 있도록 돕는다. 예수님을 흉내내도록 돕는다. 그러다 보면 예수님을 흉내내는 체질이 된다. 그렇게 토양이 가꾸어진다.

③ 공동체에 헌신하는 사람을 배려하는 토양을 어떻게 가꿀 것인가?

교우가 말씀을 읽고 기도하면서 예수님 흉내를 내기 시작하면 생활에 변화가 일어나기 시작한다. 교우의 변화는 공동체의 희망이다. 하나님께서 공동체에 보내는 선물이다. 교우 자신에게도 큰 기쁨이 된다. 하지만 아직 변화되지 않은 부분, 변화된 듯했으나 무너지는 부분, 신앙 안에서 풀 수 없는 고된 일상은 슬픔이 된다. 당신은 회중이 겪는 일상의 의미를 성경적으로 해석해 주어야 한다. 슬픔이 양분이 되도록 회중이 서로의 생각과 느낌을 정직하게 나눌 공간을 마련해 주어야 한다. 그럴 때 교우들은 소그룹 안에서 자신의 생각과 느낌을 나누는 체질이 된다.

교우가 예수님 흉내를 내면 하나님의 마음을 느끼기 시작한다. 하나님께서 꿈꾸시는 세상에 대해서도 관심을 갖는다. 하나님의 개별적인 초대를 받고 하나님나라를 위해 일하고 싶어 하게 된다. 교우는 공동체 안에서 계발된 은사와 재능으로 건강한 교회와 하나님나라를 위해 헌신하게 된다. 자기가 하고 싶은 대로가 아니라 하나님의 뜻대로 하기를 원하게 된다. 하나님의 뜻을 아시는 성령님께 순종하는 회중이 된다. 순종이 공동체의 체질이 된다.

4) 단계별 내용에 대한 이해

① **하나님의 자녀가 됨**
하나님께서는 처음 교회에 방문한 사람이 그분의 자녀로서 신분을 회복하도록 인도하신다. 이 단계에서 당신은 교우를 믿음의 세계로 초대해야 한다. 교우는 예수 그리스도를 인격적으로 만나야 하는데, 이 만남을 위해 반드시 다룰 내용이 있다. 첫째, 하나님의 무조건적인 사랑이다. 둘째, 용서받지 못할 죄는 없다는 것이다. 누구나 값없이 주시는 은혜를 맛보아야 한다. 이 단계에서 교우들이 체득해야 할 내면의 태도는 '누림'이다. 교우들이 은혜와 사랑을 충분히 누릴 수 있도록 한다.

② 예수님의 제자가 됨

하나님께서는 교회에 정착하는 교우를 예수님의 제자로 부르신다. 이 단계에서 당신은 회중을 훈련의 세계로 초대해야 한다. 세상 사람들처럼 자라던 사람이 하나님의 자녀답게 자라나도록 초대한다. 온전히 성장하려면 성경적 가치관을 받아들이는 과정이 필요하다. 이를 위해 첫째, 성경을 배우고 익혀서 예수님처럼 생각하고 느끼고, 둘째, 성경을 배우고 익혀서 말씀을 행동으로 옮기는 훈련을 해야 한다. 이 단계에서 교우들이 체득해야 할 태도는 '훈련'이다. 예수님의 말씀을 따르기 위해서는 훈련해야 한다.

③ 성령님의 사역자가 됨

하나님께서는 교회에서 열심 있는 교우를 성령님의 사역자로 초대하신다. 이 단계에서 당신은 교우를 순종의 세계로 초대해야 한다. 자기중심적인 하나님 인식과 봉사 방식에서 벗어나 하나님 중심으로 하나님을 인식하고 봉사하도록 초대한다. 이를 위해서는 성령님께 순종해야 한다. 이 단계에서 배워야 할 것은 첫째, 하나님나라에 대한 이해이고, 둘째, 성령님께 순종하는 삶이며, 셋째, 은사와 재능에 대한 이해이다. 이는 곧 하나님나라를 위해 부름받아 자기 자리에서 자기답게 심부름하는 삶을 배우는 과정이다. 이 단계에서 교우들이 체득해야 할 태도는 '순종'이다. 성령님의 임재를 갈망하고 성령님께서 가르쳐 주시는 하나님의 뜻에 철저히 순종해야 한다.

✽ 공동체의 내적 구조에 대한 상황 점검표

대상	단계	흐름	토양	내용
지역 주민				
방문자				
정착자				
헌신자				

(괜찮다 O, 그럭저럭 △, 별로다 X)

공동체 내적 구조의 이미지화

성경은 이미지로 가득하다. 하늘의 이야기를 땅의 사람들에게 들려주기 위해, 사람들이 들은 이야기를 마음에 선명하게 새길 수 있도록, 주님의 이름으로 핍박받는 사람들에게 하늘의 소망을 전달하기 위해 많은 이미지를 활용한다. 예를 들어, 바울은 분쟁 중인 고린도교회를 향해 '교회는 그리스도의 몸이고, 성도들은 그 지체'라고 말한다. 회중은 성령의 전이며, 내면에 성령님이 함께하신다고 한다. 예수님께서는 천국을 겨자씨, 밭에 감추인 보물로 표현하신다. 사도 요한은 핍박받는 교우들에게 희망을 주기 위해 수많은 비유를 활용한다.

주님을 그리워하는 당신의 마음에 주님께서 그림을 그려 주신다. 그 그림이 비전, 꿈 그리고 소망이다. 주님은 그렇게 그분의 소망을 당신에게 나누어 주신다. 당신이 정성껏 그린 목회에 대한 그림은 곧 주님의 마음에서 흘러나온 흔적이다. 주님의 흔적이 당신의 섬김을 통해 고스란히 공동체에 흐르게 되면 어떻게 되겠는가? 당신이 섬기는 공동체를 무엇에 비유할 수 있겠는가? 그 공동체를 가장 잘 표현하는 이미지는 무엇인가? 회중이 기쁘게 공유할 이미지는 무엇인가?

1) 공동체의 이미지화

교회는 하나님 아버지의 집, 성령 하나님의 전 그리고 예수 그리스도의 몸이다. 특히 예수 그리스도의 몸은 살아 있는 유기체로서 연결, 상생, 건강, 성장 등의 이미지를 떠올리게 한다. 회중은 서로 긴밀히 연결되어 있는 상생 공동체를 이루고 있다. 그러므로 교회는 소통과 공감의 장이 된다. 교우는 교회에서 소통과 공감을 통해 상생하는 것이 무엇인지 실제적으로 맛볼 수 있다. 아울러 교회 공동체는 이질적인 사람들이 동거하는 자리이다. 다양한 배경을 가진 사람들이 주님의 이름 아래 모인다. 그러니 갈등이 끊이지 않고 문제가 계속 발생할 수밖에 없다. 예수님의 제자들도 그랬다. 어부, 세리, 열심당원 등은 서로가 서로를 달갑게 여기지 않았다. 서로를 원수처럼 대하던 사람들이었다. 그런 의미를 담고 있는 이미지에 무엇이 있을까?

교우에게 교회가 담고 있는 의미를 생각나게 해줄 만한 비유는 무엇일까? 깊이 고민하던 중 숲이 생각이 났다. 내 마음에 숲이 그려졌다. 숲에는 수많은 식물과 동물과 곤충이 산다. 다양한 나무와 풀과 꽃이 어우러져 있다. 사람과 들짐승과 새들이 살아간다. 이질적인 개체가 공존하는 공간이다. 식물을 통해 양식을 섭취한 동물이 배설한다. 그 배설물을 곤충이 몸으로 게워 내서 토양을 부드럽게 한다. 그 토양에 뿌리를 내린 식물이 풍성한 열매를 맺는다. 이렇게 상생하는 숲 속에서 인간은 건강을 회복한다. 이 모든 개체에게 생기를 공급하는 것이 샘터이다. '그래, 숲 속 샘터!'

'숲 속 샘터'는 내가 생각하는 교회의 의미를 어느 정도 담아내는 이미지였다. 나는 그때부터 예배를 시작할 때마다 이렇게 말했다. "숲속 샘터에 오신 여러분을 주님의 이름으로 환영합니다. 다 함께 일어나 마음의 머리를 숙여 주님께 예배합시다." 우리 부서 교사, 아이, 부모들은 교회 하면 숲 속의 샘을 떠올렸을 것이다. 숲에 가면 교회를 떠올릴 것이다(유튜브 '소망교회 고등부 - 숲' 참고).

공동체 '숲속샘터'의 토양은 회중의 신앙 성장 단계에 따라 다음 세 가지로 설명할 수 있다. 처음 방문한 사람을 위한 '열림터', 공동체에 정착한 사람을 위한 '누림터', 헌신하는 사람을 위한 '나눔터'이다. 열림터는 누구나 쉽게 찾아올 수 있는 공동체의 토양을, 누림터는 하나님의 은혜를 마음껏 누리며 예수님처럼 성장하는 공동체의 토양을, 나눔터는 열심 있는 회중이 자신의 생각과 느낌, 은사와 재능을 나눌 수 있는 공동체의 토양을 표현한 것이다. 다음의 표에 공동체 '숲속샘터'에서 터별로 진행되는 구체적인 사역과 그 사역으로 이루고자 하는 토양의 질감을 간단히 소개했다. 우리는 그 당시 우리가 이 기준에 따라 사역하기 위해 애쓰고 있는지 매주 검토했다. 맨 아래 나룻터는 위의 세 터가 각 기능을 잘 발휘하도록 행정적인 지원을 담당한다.

사역의 장	사역 구분	사역 내용
열림터	전도	아이들이 가족과 친구를 초대하는 문화를 형성한다.
	학원 선교	리더(교사, 부모, 선배, 학생 리더)를 세운다.
	심방	아이들의 삶의 자리에 찾아간다.
	해외 단기 선교	단기 선교를 통해 열방을 향한 하나님의 마음과 사랑을 안다.
	새 친구반	새 친구가 정착할 수 있도록 한다
	장기 결석자 관리	장기 결석자가 다시 교회에 출석하도록 한다.
누림터	예배 기획	하나님의 임재 가운데 성령의 기름 부으심을 경험하는 예배를 준비한다.
	설교	하나님의 마음을 아이들에게 성경 중심으로 전달한다
	찬양팀	아이들이 힘차게 하나님을 노래하게 한다.
	찬양대	온 몸과 맘으로 하나님을 찬양한다.
	데코/미디어/영접/드라마	예배가 예배되도록 각자의 영역에서 지원한다
나눔터	분반	교사와 아이들, 아이들과 아이들이 성령 안에서 소통하며 성장한다.
	예닮	성숙하게 성장하는 아이들의 표상이 될 인물을
	캠프	하나님의 사랑, 예수님의 은혜, 성령님의 능력을 체험하는 불가마가 된다.
	동아리	주님이 주신 은사와 재능으로 세상을 섬기는 활동을 한다.
	학생회	봉사/디카/임마누엘/성경 읽기/찬양팀/찬양대/챔버팀 등
	묵상집	날마다 주님과 동행하는 성숙한 아이들의 생활을 돕는다.
나룻터	교무	건강한 공동체가 되도록 기름 역할을 한다.
	봉사	교사가 행복하게 헌신하도록 양식 역할을 한다.
	기도	공동체 위에 임하신 하나님의 손길을 체험한다.
	회의	공동체가 소통하며 하나님의 뜻에 순복하는 기회가 된다.
	교사 묵상 모임	교사소통의 핵심 역할을 한다.

2) 공동체의 내적 구조를 누구와 만들어 갈 것인가?

당신과 함께 공동체의 토양을 가꾸어 갈 사람은 누구인가? 당신이 담임 목회자나 부목회자라면 교우 중에 책임을 맡은 사람과 함께 그 일을 하게 될 것이다. 다음세대 담당 목회자라면 교사와 함께 그 일을 하게 될 것이다. 그렇다면 교사(이하 당신과 함께 일할 사람을 '교사'라고 하겠다)들은 당신이 생각하는 건강한 목회에 대한 내용을 충분히 이해하고 있어야 한다. 당신의 목회 철학, 공동체의 토양, 동역자 관계, 회중의 삶의 자리, 성경적 메시지, 공동체의 내적 구조 및 외적 구조를 이해하고 있어야 한다. 그 일을 함께 이루어 갈 자질과 태도를 갖추고 있어야 한다. 그렇게 하기 위해 노력하는 사람이어야 한다.

그러므로 당신의 생각과 마음을 교사들과 진실하게 소통해야 한다. 당신의 내면이 교사들에게 흘러가고, 교사들의 마음과 생각이 당신에게 흘러들도록 해야 한다. 그래서 당신의 그림이나 교사들의 그림보다 더 크고 온전한 그림을 발견할 수 있도록 진실하게 소통해야 한다. 이런 과정을 통해 공동체는 하나님의 그림을 바라보기 위해 목회자와 교사들이 마음을 합쳐야 한다는 사실을 알게 될 것이다.

공동체 안에서 아이(교우)들이 하나님의 뜻대로 자라나도록 돕기 위해 교사들은 어떤 마음 자세와 외적 자질을 갖추어야 할까? 당신과 교사는 마음과 생각을 나누는 데 힘쓸 뿐만 아니라 필요한 자질이 무엇인지 합의하고, 그것을 기준으로 사역하는 데 익숙해져야 한다.

다음은 나와 교사들이 합의한 '우리 공동체의 바람직한 교사상'이다. 우리는 교사의 이미지를 '소중한 사람'이라고 표현했다. 교사는 하나님의 사람을 기르기 위해 부르심을 받은 존재이다. 하나님께서는 교사를 통해 한 아이를 하나님의 사람으로 키우신다. 목회자가 '하나님의 팔뚝'이라면 교사는 '하나님의 손가락'이다. 목회자가 아이들에게 하나님의 능력과 지혜를 제공하는 굵직한 통로라면, 교사는 하나님의 마음, 곧 사랑의 마음을 아이들의 영혼에 구체적으로 전하는 섬세한 통로이기 때문이다. 그래서 나는 교사를 '소중한 사람'이라고 부른다. 그리고 소중한 사람이 무엇을 의미하는지, 어떤 태도를 갖추어야 하는지, 구체적으로 무엇을 해야 하는지 다음과 같이 정리하고 공유했다.

소 망을 품은 사람: 교사는 나를 변화시키신 하나님께서 아이들을 변화시킬 것을 소망한다.
  - 미소: 하나님 안에서 성장하는 아이들을 미소를 머금고 바라본다.
  - 묵상: 말씀 묵상을 통해 나를 성장시키시는 하나님의 손길을 날마다 체험한다.

중 요한 사역을 함께하는 사람: 교사는 하나님께서 세우시는 한 명의 아이로 변화될 세상을 기대한다.
  - 참석: 하나님께서 머물라는 자리를 충성스럽게 지킨다(예배, 소그룹, 교사회 등).
  - 소통: 하나님, 교사 그리고 아이와 소통한다

한 번의 권면을 위해 존재를 품는 사람: 교사는 하나님께 아이가 전적으로 수용되고 있다고 느끼도록 돕는다.
  - 인정: 아이가 말을 하면 먼저 "그렇구나"라고 인정한다.
  - 격려: 아이가 무슨 행동을 하면 "잘한다"라고 격려한다.

사 소한 관심으로 살피는 사람: 교사는 아이가 교회에 와서 예배 시간에 노래하고, 소그룹에서 말하도록 돕는다(교역자, 부장, 부감, 교사들에게 도움을 요청한다).
  - 관찰: 아이가 오지 않을 때, 노래하지 않을 때, 말하지 않을 때 그 이유를 살핀다.
  - 관심: 아이가 와서 노래하고, 말할 수 있도록 돕는다.

람 보처럼 찾아가는 사람: 교사는 아이가 살고 있는 삶의 자리에 관심을 갖는다.
  - 신뢰: 자연스런 친밀감 위에 든든한 신뢰감을 형성한다.
  - 만남: 학교(어린이집), 학원, 가정을 방문해 본다.

7장. 공동체의 외적 구조 이해

왜 공동체의 외적 구조를 이해해야 하는가

한국 교회에 대한 이미지가 분쟁과 경쟁이라고 하면 너무 극단적일까? 이런 현상 때문에 한국 교우들뿐만 아니라 교우가 아닌 사람들도 매우 속상해하고 있다. 이런 토양에서 교우들이 신앙 생활을 하고 있으니 큰 문제가 아닐 수 없다. 이에 목회자는 소통과 공감을 전제한 사회적 연대 구조를 통해 교우들과 다음세대가 건강하게 성장할 수 있는 지역적 토양을 가꾸는 데 관심을 가져야 한다. 그러므로 목회자는 다음세대와 교우가 살고 있는 삶의 자리 전체를 목회의 자리로 여기고 그곳에 관심을 기울여야 한다.

역사 속에 나타난 외적 구조의 두 가지 모형

한국 초기에 온 개신교 선교사들이 선교에 활용했던 외적 구조에 대한 서로 다른 두 가지 적용을 살펴보는 것이 유용하다. 초창기 한국 개신교의 양대 산맥이었던 장로교와 감리교는 비슷하면서도 조금 다른 방식을 사용했다. 장로교 측은 교회가 설립한 학교와 병원 등의 여러 기관이 오직 교회를 중심으로 운영되어야 한다는 원리를 가지고 선교를 진행했다. 이에 반해 감리교 측은 교회와 학교, 병원 등을 사실상 독립 기관으로 간주하고, 각각의 자리에서 최선을 다해 하나님의 사명을 펼치는 것을 진정한 선교라고 여겼다. 이 두 가지 원리는 다음과 같은 그림으로 나타낼 수 있다.

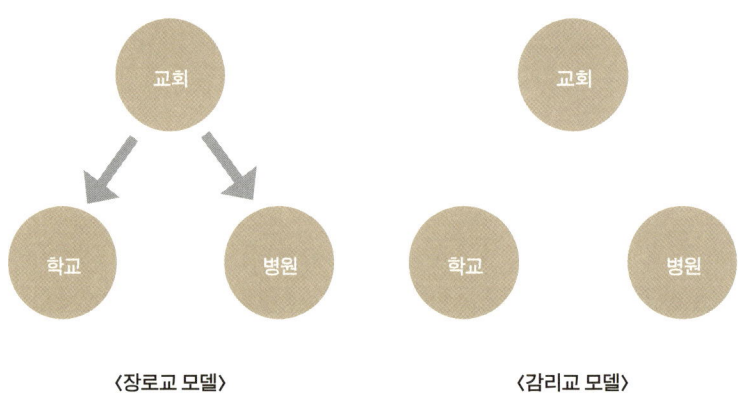

〈장로교 모델〉　　　　〈감리교 모델〉

이 두 가지 모델은 모두 당시 상황에서 중요한 역할을 하면서 의미 있는 열매를 맺었다. 그러나 오늘의 상황에서는 조금 다른 방식의 모색이 필요하다고 본다. 두 모델에서 취할 수 있는 긍정적인 부분은 교회와 각 기관(특히 학교와 병원 등) 사이의 연대를 추구했다는 점이다. 이 점이 오늘날 목회 환경(영적 생태계, 기독교육의 현장), 즉 외적 구조를 살펴야 하는 우리에게 도움이 된다. 그러나 우리는 두 모델에 보완이 필요하다는 사실을 인정해야 한다. 전자의 모델은 교회가 각 기관들을 지나치게 주도하고 지배하는 연대 구조를 취하고 있었고, 후자의 모델은 반대로 교회와 각 기관이 지나치게 독립적인, 그래서 사실상 연대라고 부르기 힘든 구조를 취하고 있었다.

그런데 놀랍게도 오늘의 교회를 중심으로 그 외적 구조를 살펴보면, 이러한 두 가지 틀을 취하는 경우가 많다. 비록 역사 속에서 두 모델이 긍정적인 결과를 맺기는 했지만, 부정적인 면 또한 존재했으며 현대 상황과는 맞지 않는 부분이 있음에도 불구하고 그렇다. 오늘날 우리는 소통과 공감을 주된 방식으로 겸손한 교회 리더십이 주도하는 사회적 연대를 모색할 필요가 있다. 이는 교회가 낮은 자세로 시민들이 생활하는 삶의 자리로 나아가야 한다는 것을 의미한다.

교회 중심의 연대 모델

1) 다음세대의 부흥을 위한 연대

이에 나는 다음세대를 담당하는 목회자와 '다음세대의 부흥을 위한 연대'라는 비전을 공유하고 싶다. 구체적으로 설명하자면, "교회 연합체를 중심으로 가정, 학교, 기관이 연대하여 아이들이 복음 안에서 행복한 생활을 할 수 있도록 지역적 토양을 가꾸어 가는 것이다." 이는 성경에서 강조하는 신앙의 대 잇기를 사명으로 알고 다음세대가 자라날 수 있는 지역적 토양, 즉 영적 생태계를 가꾸어 가는 것을 의미한다.

이것을 다음과 같은 그림으로 표현할 수 있다. 이 연대의 접근 방향은 지배적 구조가 아닌 겸손한 리더십이며, 그것을 가능케 하는 전제 조건은 소통과 공감이다.

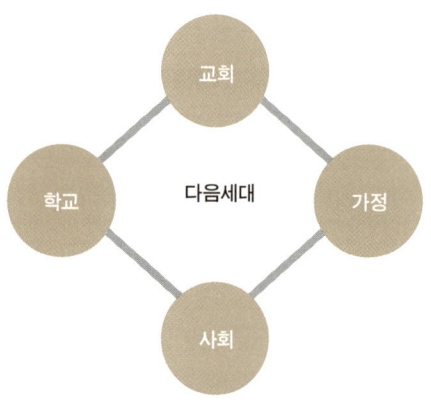

교회 공동체를 중심으로 신앙의 대 잇기에 성공하기 위해서는 부모가 신앙 교육의 주체로 서야 한다. 부모가 교회교육의 주된 동역자로 참여해야 한다. 아울러 교회는 아이들이 가장 많은 시간을 보내는 학교와 좋은 관계를 맺어야 한다. 학교에 찾아가야 한다. 이에 도움이 될 만한 자료를 부록으로 첨부했으니 참고하기 바란다.

2) 선교적 접근: 낮은 자의 리더십

이러한 연대는 교회의 겸손한 리더십 아래에서 이루어질 수 있다. 회중이 살아가는 현장은 교회와 기독교의 원리가 지배하는 공간이 아니라 다양한 사상과 환경들이 각축을 벌이고 있는 선교 현장이라는 점을 먼저 인식해야 한다. 선교 현장에서 교회의 리더십은 전적으로 예수 그리스도의 섬김을 본받을 때 세워질 수 있다. 그것도 폭력적 섬김이 아니라 끝없이 낮아지는 섬김이어야 한다.

    때로 낮아지는 섬김이 리더십을 발휘할 수 있을지 의문을 제기하는 사람이 있다. 그러나 진정한 리더십이 끝없는 낮아짐에서 발현된다는 점을 우리에게 알려주신 분은 바로 예수님이시다. 교회가 선교 현장에서 만나는 모든 대상들, 즉 사람들과 기관들, 환경과 사물들을 하나님의 형상이자 그분의 사랑받는 존재들로 존중하면서 겸손하게 리더십을 발휘할 때, 선교 현장의 모든 대상들은 진정한 연대를 이룰 수 있을 것이다.

3) 연대의 전제 조건: 소통과 공감

소통과 공감은 겸손한 리더십을 통해 연대 의식을 구축하는 가장 중요한 전제 조건이다. 겸손하고 낮아진다고 해서 무조건 자기 것을 포기하거나 남의 것을 무비판적으로 수용한다는 뜻은 아니기 때문이다. 모두가 서로를 존중하기 위해서는 반드시 소통과 공감이 필요하다. 중요한 것은 소통과 공감을 이루어 연대 의식에 이르기 위해서는 연대 안에 포함되는 사람들이 모두 이러한 전제에 동의해야 한다는 점이다.

그러나 사람들이 전부 동의하기를 기다리기만 해서는 아무 일도 진행되지 않는다. 가정과 학교와 지역사회가 교회가 추구하는 소통의 진정성을 깨닫고 마침내 거기에 공감하기까지, 교회는 지속적으로 낮아지고 먼저 공감하며 그들의 마음 문을 두드려야 한다. 시간이 오래 걸릴지라도 이러한 연대 의식을 이루어야 다음세대를 포함한 교우와 시민들의 삶과 신앙에 중요한 결실을 맺을 수 있다.

지역 주민에게 복음을 전하는 교회로 전환하라

교회가 소통과 공감을 통한 연대를 모색하는 이유는 믿지 않는 사람들에게 복음을 전하기 위해서이다. 위기 때 살아남은 교회 공동체를 보면, 하나같이 믿지 않는 사람에게 복음을 전하는 사명을 충성스럽게 이행했다.

1) 작은 교회를 주목하라

한 조사에 의하면 청년들이 교회를 떠나는 첫 번째 이유가 "성경을 가르쳐 주지 않아서"라고 한다. 또 다른 조사에 의하면 청소년이 교회를 떠나는 첫 번째 이유는 "교회에서 하나님을 만날 수 없어서"라고 한다. 교우가 교회를 떠나고 주민이 교회에 등 돌리는 시대에 생존하는 교회 공동체의 특징 중 하나가 교우들에게 성경을 바르게 가르치고, 주민들에게 복음을 전한다는 것이다.

교회는 개척 교회, 작은 교회, 중형 교회, 대형 교회로 구분하기보다는 현상을 유지하는 교회, 교우들의 성장에 관심을 갖는 교회, 주민에게 복음을 전하는 교회로 나누어야 한다. 사회 변화 차원에서 우리보다 약 20-30년 앞서 있는 서구 교회의 목회 흐름을 보면, 교회의 쇠퇴기를 거치며 생존한 교회의 특징이 '교우에게 성경을 가르치고 주민에게 복음을 전하는 것'이었음을 알 수 있다.

지금까지 한국 교회는 유독 대형 교회에 주목했다. 그럴 수밖에 없었던 것이 대형 교회가 눈에 더 잘 띄기 때문이었으리라. 하지만 이제는 작고 건강한 교회에 주목할 때가 되었다. 한국 교회의 85퍼센트는 어린이에서 어른에 이르는 교우의 수가 50명 이하이기 때문이다. 목회자의 85퍼센트는 교우 50명 이하의 교회에서 목회한다. 확률적으로 85퍼센트의 신학생은 앞으로 50명 이하 규모의 교회에서 목회를 하게 될 것이다. 즉 교회를 개척하거나 개척 교회와 비슷한 환경에서 목회를 하게 될 것이다.

2) 주민에게 복음을 전하는 방식을 바꾸라

주민들에게 복음을 전하는 방식도 변화를 겪고 있다. 1980년대까지는 존경받는 목회자나 열정적인 평신도 사역자를 강사로 세우고, 식사와 선물을 준비하고 손님을 초대하여 복음을 전했다. 1990년대에는 비슷한 형식으로 준비하면서 강사를 유명 기독교인으로 대체하기 시작했다. 연예인, 정치인, 스포츠 스타 등이 간증을 곁들여 복음을 전했다.

이런 방식은 일회적으로 진행되었다. 물론 교회에 따라서 3개월, 6개월 혹은 1년 동안 온 교우가 다 함께 준비하기도 했다.

주민들에게 복음을 전하는 지속적인 방식도 있다. 지역 복지에 관심을 갖는 것이다. 예를 들어 교회가 유치원, 어린이집, 공부방, 독서실, 노인정, 문화 강좌, 무료 급식, 장학 사업 등을 운영하는 것이다. 또한 기독교 전문 기관들이 지역의 소외 계층을 전문적으로 지원하는 사역을 하는 경우도 많다. 이상의 복지적 접근은 정부의 복지 정책이 발전하면서 대부분 교회와 정부가 협업하는 형태로 발전했다. 이제 교회의 복지적 접근은 전도의 통로가 아니라 하나님나라 차원에서 순수한 봉사와 회복을 위한 사역으로 전환되고 있다.

당신은 목회자로서 지금까지 많은 자리에 초대를 받았을 것이다. 최근에 받은 초대 중에서 관심이 별로 가지 않았던 자리는 어디인가? 반면에 관심이 갔던 자리는 어디인가? 실제로 참석했던 자리는 어디인가? 그 자리는 아마 상대방이 당신을 매우 존중하고 정중하게 초대하는 자리였을 것이다. 그렇다. 이제 사람들은 교회 행사에 동원되는 것을 선호하지 않는다. 유명인, 식사, 선물을 마련한 자리에 초대받는다고 해서 달가워하지 않는다. 자신을 존중하고 정중하게 초대하는 자리에 참석하고 싶어 한다. 이제 교회는 행사에 다수를 동원하는 방식에서 벗어나 한 사람을 위한 특별한 자리를 마련해야 한다.

2000년대로 넘어오면서 많은 목회자들이 지역 주민과의 접촉을 시도하는 노력의 일환으로 카페 목회를 시작했다. 오다가다 카페에 들른 주민들과 커피와 대화를 나누며 관계를 맺는다. 바리스타 교육을 통해 지속적인 관계를 맺고 우정을 가꾼다. 주일에는 같은 공간에서 예배하며 믿음의 공동체를 세워 간다. 이러한 방법은 창의적이고 적절한 전도 방식으로 주목을 받았다. 하지만 성공 확률은 10퍼센트 미만으로 개척 교회의 전도율과 거의 일치한다. 시도는 좋았지만 모두에게 맞는 방식은 아니었던 것 같다. 이제는 목회자 각자에게 알맞은 방식을 찾아야 할 때이다.

실제로 우리나라 수많은 목회자들이 지역 주민들과 관계를 맺고, 교회에 초대하는 다양한 방식을 연구하며 시도하고 있다. 한 사람의 이웃을 교회로 초대하기 위해 새로운 방식 한 가지를 창조한다. 수많은 실패와 좌절을 겪지만 포기하지 않는다. 하나님께서 주신 영혼에 대한 사랑과 하나님나라에 대한 열정 때문이다.

3) 복음을 전하는 창의적인 방식을 시도하라

몇 년 전, 미국 CLC 교단에서 주최한 글로컬(Glocal) 세미나에 참석한 적이 있다. 글로컬은 글로벌(Global)과 로컬(Loca)을 합한 말로, 선교 차원에서 지역 목회에 접근하는 방식을 표현하기 위해 만든 단어이다. 즉 믿지 않는 사람에게 복음을 전하고 그들을 교회로 초대하기 위해 시도하고 있는 창의적 방식을 나누는 자리였다. 우리보다 약 20-30년 정도 앞서서 목회를 해온 선배들의 경험을 듣는 좋은 시간이었다.

그때 참 인상적이었던 목회자의 이야기를 소개하겠다. 그 목사님은 LA 한인 타운에 위치한 교회에 부임했다. 그 교회는 600여 명의 교우가 단독 교회 건물에서 예배하는 공동체였고, 여러 면에서 모범이 되었다. 하지만 목사님의 고민은 부임 초부터 깊어졌다. 더 이상 주민이 교회에 방문하지 않았기 때문이다. 그래서 목사님은 '주민이 교회에 오지 않으면 교회가 주민에게 가야겠다'라고 생각했다.

기도하고 협의 과정을 거쳐 부임한 지 6년째 되던 해에 교회 건물을 매각했다. 그리고 한인 타운 곳곳에 상가를 임대했다. 주민들에게 필요한 공간을 마련하기 위해서였다. 주민을 위한 카페, 어린이를 위한 공부방, 청소년을 위한 독서실, 직장인을 위한 수면실, 노인들을 위한 바둑방 등을 만들었다. 철저한 조사를 거쳐 주민들의 필요에 따라 각 공간을 최적화했다. 교우들은 주민들에게 최상의 서비스를 제공하기 위해 훈련받았다. 직원으로 지역 주민들을 채용하기도 했다. 인근의 상권을 고려해 시설 사용료는 적정 수준을 유지했다. 대신에 최상의 재료와 서비스를 제공했다. 그리고 주일에는 바로 그 공간에서 예배를 드렸다. 이제 그 교회는 매일 지역 주민들로 가득해졌다.

중동 출신으로 미국에 정착한 선교사님의 이야기도 매우 인상적이었다. 그는 예전에 무슬림이었기 때문에 이슬람 문화와 무슬림의 의식 구조를 정확히 알고 있었다. 그런데 예수 그리스도를 영접하고 하나님의 자녀가 된 후 깨닫게 된 것이 있었다고 한다. 그것은 개신교 목회자가 무슬림에게 예수님의 은혜를 설명할 때, 그들이 받아들이기 어려운 비유와 이미지를 사용한다는 사실이었다. 그래서 그는 예수 그리스도의 십자가 안에 담긴 하나님의 사랑을 무슬림이 받아들일 수 있도록 돕는 일에 헌신하기 시작했다.

그의 사역은 다음과 같이 진행된다. 먼저 무슬림 가족이 사는 동네로 이사 간다. 무슬림 가족과 좋은 관계를 맺고 이웃이 된다. 종종 집으로 초대하여 함께 식사를 한다. 그 자리는 그야말로 밥만 먹는 자리가 아니다. 음식의 종류와 모양, 식탁과 식탁보의 디자인, 조명과 음악, 그날 대화의 주제 그리고 선교사의 의상과 표정까지 모든 것이 복음을 전하는 수단이 된다. 놀라운 사실은 이것이 한 차례로 끝나지 않는다는 것이다. "최소한 10년이 걸립니다." 무슬림 이웃에게 익숙한 신의 이미지가 내면에서 전환되어 예수 그리스도의 십자가 은혜를 받아들이기까지 10년 동안 전체 과정을 아주 천천히 조심스럽게 진행한다고 한다.

이번에는 담임 목사를 하다가 사정상 목회를 쉬게 된 내 친구 목사의 이야기이다. 그는 이사를 한 후, 동네 작은 교회에서 자원봉사 차원에서 교육 부서 사역을 돕게 되었다. 주중에는 어느 공장에서 일을 했다. 친구 목사와 파트너가 된 공장 청년은 담배와 욕을 달고 살았다. 게다가 그 청년은 기독교에 반감을 가지고 있었다. 툭하면 교계의 안 좋은 일들을 왜곡해서 퍼트리곤 했다.

친구 목사는 늘 그 청년을 정중하게 대했고, 모든 작업에 솔선수범했다. 아무도 시키지 않았지만 점심식사 후와 퇴근 전에 공장 곳곳을 돌며 담배꽁초를 치웠다. 매일매일 그렇게 했다. 그렇게 1년쯤 지나고 친구 목사는 공장을 그만두게 되었다. 그때 그 청년이 친구 목사에게 이렇게 말했다고 한다. "형, 나는 형하고 계속 일하고 싶어. 그리고 형 덕분에 기독교의 겉모습이 아니라 그 진리에 관심을 갖기 시작했어. 요즘엔 성경도 보고 있어. 형, 그동안 참 고마웠어."

만물을 새롭게 하시는 하나님의 섭리 안에서 목회자들이 복음을 전하기 위해 창의적인 노력을 기울인다면 교우와 주민들이 교회, 가정, 일터 그리고 지역사회에서 동일한 하나님의 메시지를 듣게 될 것이라고 기대한다. 소통과 공감을 전제한 연대 의식을 가지고 겸손하고 성실하게 살아가는 목회자를 통해 주민들이 하나님의 사랑을 받아들이고, 그 어른들을 보고 자란 아이들이 예수님처럼 영적, 지적, 신체적, 사회적으로 균형 있게 성장할 수 있지 않겠는가?

| 나오는 말 |

각자의 자리에서 자기답게 버티기

"요즘 장사가 너무 안 된다." 30년 동안 양품점을 운영하시던 우리 어머니께서 항상 하시던 말씀이다. 그때 알았다. 인생이 쉽지 않고 심지어 항상 어렵다는 사실을…. "한국 교회 상황이 어렵다"고들 한다. 그런데 쉬울 때가 있었을까? 실제로 지금이 가장 어려운 때라고 치자. 그렇다면 왜 하필 하나님께서는 우리를 지금 여기에 부르신 걸까? 어려운 때에 부르셨으니 꽤 긴히 사용할 계획이 있으신가 보다.

우리가 할 수 있는 일은 무엇인가? 할 수 있는 일이 있기는 할까? 그저 하나님의 계획을 신뢰하고 자리를 지키는 것이 답이 아닐까 생각한다. 자기답게 주님께서 나를 놓아 두신 자리에 버티고 서 있는 것이 가장 큰 일이 아니겠는가. 그래서 지금까지 자기다운 목회를 디자인하는 데 필요한 7가지 요소를 살펴보았다. 목회 철학, 공동체의 토양, 동역자 관계, 회중의 삶의 자리, 성경적 메시지, 공동체의 내적 구조 및 외적 구조이다. 쉽지 않은 작업이다. 한번에 정리되는 것도 아니다. 평생 살피며 보완해야 한다.

　같은 부르심을 받은 주님의 종으로서 각자의 자리에서 자기답게 버티다가 종종 만나면, 반갑게 인사하고 자기다운 목회를 잘하고 있는지 서로 나누는 기회가 있으면 좋겠다. 멀리서나마 당신을 응원한다. 다음 세대 목회를 하면서 교회와 가정, 교회와 학교를 연계하는 방법에 대한 내용을 부록으로 첨부했다. 각각 한 세미나에서 발표한 원고와 교계 잡지에 연재한 내용을 거의 그대로 소개한다. 참고가 되기를 바란다.

부 록

1. 가정과 힐링을 돕는 부모 교육

언약 공동체

하나님께서 직접 세우신 공동체가 둘이 있는데, 바로 가정과 교회이다. 가정과 교회는 언약을 기초로 만들어진 공동체이다. 언약이란 하나님께서 백성과 맺으신 일방적인 약속을 말한다. 하나님께서는 백성이 연약하고 악독해도 버리지 않으시고 약속을 성취하신다. 사람들은 연약할 뿐만 아니라 악독하다. 본의 아니게 실수도 많이 한다.

문제를 피할 수 없거나 갈등이 깊어지면 사람들은 생각한다. '나 이러다 큰일나겠다. 이번 실수는 아무도 봐주지 않을 텐데 어떡하지.' 자신이 부족함을 느끼면 사람들은 우울해진다. 가까운 사람들에게 버려질까 봐, 공동체에서 끊어질까 봐 두려워한다. 바로 그때 언약 공동체의 힘이 발휘된다. "괜찮아." "잘될 거야." "난 너보다 더 심각했어." 사람들은 언약 공동체가 보내는 메시지를 듣고 우울함과 두려움에서 벗어나기 시작한다. 하나님께서는 가정과 교회를 통해 사람들을 치유하신다.

계약 공동체

사람이 세우는 공동체가 있다. 계약을 기초로 만들어지는 공동체이다. 계약은 쌍방간의 이익을 전제한다. 상대방이 약속을 이행하지 않아서 내가 받아야 할 이익을 받지 못했을 때, 나는 더 이상 약속을 이행하지 않아도 된다. 사람들은 더 큰 이익을 얻을 수 있는 길을 찾으면 지금 맺고 있는 계약을 파기한다. 세속적인 흐름이 너무 크고 거세고 현란하다. 가정과 교회도 그 흐름에 휩쓸린다. 아니 오래 전부터 휩쓸려 왔다. 그래서 역사가 아프고 세상이 지친다. 사람들은 초조하고 불안해한다. 우울감에 물들어 간다.

공감

아픈 역사와 지친 세계가 다급한지 '공감'을 말하기 시작했다. 2000년 초, 우리 사회는 공감에 대해 말하기 시작했다. 급격한 변화를 거쳐 다양하게 변화하는 사회적 혼란 속에서 사람이 사람을 그리워하기 시작했다. 여기저기서 공감과 소통을 외쳤다. 사회의 그리움을 교회는 외면하지 않았다. 교회교육은 공감이라는 말을 풀어 내기 위해 '성품'과 '태도'와 '가치'에 대해 이야기했다. 성품 학교, 자기 계발 프로그램, 의미를 찾는 설교가 마련되었다.

소통

2010년, 사회는 이제 '소통'을 말하기 시작했다. 모두들 소통과 공감을 외쳤다. 마음속에 섬을 키우는 사람들은 사람 사이에 구체적인 교류가 이루어지지 않으면 공감이 불가능하다는 사실을 알아차린 것이다. 사회가 평화 교육과 비폭력 대화법을 이야기하는 동안, 교회는 안타깝게도 언약 공동체임에도 언약 관계에 단단히 발 딛고 서지 못해 세상에 이렇다 할 성경적 대안을 제시하지 못했다. 교회교육의 한계를 보였다.

힐링

2011년 이후, '힐링'이 이슈가 되고 있다. 사회 곳곳에서 힐링을 말한다. 소통이 곧 살 길임을 절감한 사람들이 기를 쓰고 소통을 시도했다. 누구든 어디서든 대화를 시도했다. 생각과 마음을 나누자고 했다. 과거에는 이러한 태도에 대해 '왜 이렇게 들이대?'라고 생각했지만, 이제는 현대인의 매너라고 여긴다. "내 마음대로 하지 않겠습니다", "당신을 존중합니다"라는 의미로 받아들인다.

그런데 문제가 있다. 아프다. 이야기를 들어 보니 나와는 달라도 너무 다른 상대방 때문에 아프다. 상대방이 배려 없이 쏟아붓는 말들이 나를 아프게 한다. 상대방의 의견을 수용하지 못하는 나의 작은 그릇이 나를 아프게 한다. 그래서 힐링이 필요하게 된 것이다. 힐링이 절실하다. 소통과 공감? 타인과의 소통과 공감은 둘째 치고 우선 나 자신과의 공감과 소통이 필요했다.

힐링 타이밍

미디어 곳곳에서 힐링을 이야기한다. TV 프로그램에서 힐링을 다룬다. 잠시 힐링을 다루는 TV 화면을 들여다보자. 입담 좋은 MC들과 걱정이라고는 전혀 없을 것 같은 유명인들이 초대되어 앉아 있다. 유쾌하고 달뜬 표정으로 서로 인사를 나눈다. 그리고 별 쓸데없는 신변잡기를 나눈다. 어디에서도 힐링이 이루어질 것 같은 분위기를 감지할 수 없다. 출연자들끼리 낄낄거리고 피식거린다. 그러다 누군가 갑자기 "전에도 잠깐 이슈가 되었던 건데요. 우리 이거 안 짚고 넘어갈 수 없겠죠?"라며 옛 이야기를 꺼낸다. 그렇게 우리는 한 출연자의 아픈 과거사에 초대된다. 그는 어려운 시절에 겪은 숨기고 싶은 이야기를 털어놓고, 그 삶의 궤적이 지나고 보니 의미가 있었다고 말하면서 눈물을 흘린다. 그렇다. 바로 그것이 힐링 타이밍이다.

'그래, 안 아픈 사람이 어디 있어? 안 아픈 가정이 어디 있어? 이를 갈아 보지 않은 사람, 눈물을 삼켜 보지 않은 사람이 어디 있어? 저 사람도 나와 비슷한 일을 겪었구나!' 힐링은 자신의 경험에 의미를 부여하는 순간 이루어진다. 힐링 타이밍이란, 자신의 삶과 영혼에 난 깊고 흉한 상처 때문에 여태 스스로를 실패한 인생이라고 생각해 왔는데, 영원한 세계와 끊어진 채 방황하는 영혼으로 죽어 갈 것이라고 두려워했는데, 연약하고 악독한 자신이 여전히 하나님의 섭리 안에 머물고 있다는 사실을 감지하는 순간이다.

가정 공동체의 회복

교회 전체를 대상으로 두 가지 메시지를 지속적으로 선포하면 좋겠다.

첫째, "부모가 자녀 신앙 교육의 주체이다." 부모를 신앙 교육의 주체로 세우는 것이다. 산업혁명 이후 인류는 부모의 중요한 일상을 전문가에게 위임하기 시작했다. 자녀의 학습은 학교 교사에게, 자녀의 건강 관리는 병원 의사에게, 자녀의 신앙 성숙은 교회 교사에게, 자녀의 정서적 지지는 또래 친구들에게 맡긴 것이다. 그러면 부모는 무슨 일을 하는가? 부모는 자녀를 돕는 전문가들의 생활비를 대느라 분주해졌다. 요즘은 그 모든 영역에 미디어를 통한 세속적 메시지가 뒤덮고 있다. 이제 교회는 성경이 강조하는 신앙의 전승을 부모가 책임질 수 있도록 해야 한다.

둘째, "가족, 버티는 게 은혜이다!" 문제 속에서 갈등을 겪으며 함께 살아가는 것 자체가 가족의 행복이라는 사실을 강조하는 것이다. 서점에 가면 자녀를 모두 유명 대학에 보낸 어머니의 이야기를 담은 책들이 있다. 교회에서는 기도로 자녀를 훌륭하게 키운 부모들이 나와 간증한다. 보통의 부모들은 "성숙한 부모가 훌륭한 자녀를 양육한다"는 공식(?)에 주눅든다. "기도하는 부모가 자녀를 위인으로 세운다"라는 표어(?)에 눈치본다. 함께하는 예배, 깊고 간절한 기도, 세련된 양육 태도와 대화, 다양한 경험을 줄 수 있는 경제적 여건, 고상한 철학에서 비롯된 일관된 생활 원칙 등 뭐 이런 것을 못해서 내 자녀가 훌륭하게 되지 못했다는 자책감이 든다. 그러나 기억하자. 이 세상에서 그렇게 할 수 있는 부모는 0.00001퍼센트도 안 된다. 배워서 익히고 따를 것이 있다면 좋지만 모든 것을 흉내낼 수 없다. 교회는 지금 여기에서 갈등을 겪으면서도 버티며 애쓰는 모든 가족이 아름다움을 강조해야 한다.

교우들에게 가족에 대한 좋은 메시지 들려주기

목회자가 설교, 강의, 문서 등을 통해 가족 안에서 부모와 자녀가 경험하는 일상에 대해 성경적 의미를 부여하고, 하나님의 마음으로 해석해 주어야 한다. 목회자가 전할 가족에 대한 메시지를 제시하자면 다음과 같다.

첫째, "모든 부모는 하나님의 메시지이다." 좋은 부모, 나쁜 부모가 따로 있는 것이 아니다. 모든 부모는 자녀의 내면에 교훈과 상처를 주게 마련이다. 자녀가 성장할 때 성령의 기름부음 안에서 교훈은 영혼의 양분이 되고, 상처는 치유된다. 자녀는 그 상처 안에서 하나님의 부르심을 경청할 것이다. 세상에서 자신과 비슷한 상처를 경험한 사람들을 만나면 그냥 지나치지 못하고, 그들의 회복을 위해 자신의 인생을 드리게 될 것이다.

둘째, "모든 자녀는 축복의 선물이다." 좋은 자녀, 나쁜 자녀가 따로 있는 것이 아니다. 모든 자녀는 하나님께서 부모에게 보내신 축복의 선물이다. 중년기의 혼란을 겪는 부모는 통제(?)할 수 없는 자녀를 양육하는 것이 어려워 하나님 앞에 엎드린다. 그렇게 부모는 다시 성장을 시작한다. 자녀는 부모의 성장을 돕는, 거북하지만 거룩한 선물이다.

셋째, "함께 사는 것이 공감이다." 함께 살다보면 가까운 관계 속에서 다양한 정서를 맛보게 된다. 기쁘고 슬프고, 유쾌하고 불쾌하고, 활기차고 무력하고, 사랑하고 미워한다. 부모와 자녀는 함께 살면서 다양한 경험을 한다. 그것이 공감이다. 자녀는 그렇게 다른 사람의 자리에 서서 그 사람의 마음과 생각을 경험할 수 있는 공감력을 키우게 된다.

부모를 신앙 교육의 주체로 세우기
교회학교 교사에게 위임했던 자녀의 신앙 성장에 대한 책임을 부모가 담당해야 한다. 교회는 가정 관련 사역을 담당하는 부서를 마련해야 한다. 현대 가정이 겪는 문제와 아픔을 살피고, 가족이 그 문제를 잘 다루고 아픔을 넘어설 수 있도록 돕는 기능이 강화되면 좋겠다.

- **부모 기도 모임**

부모는 하나님의 마음을 가장 많이 닮았다. 부모와 자녀의 애증 관계는 이스라엘 백성을 향한 하나님의 사랑과 질투를 닮았다. 부모는 자녀를 매우 사랑하기 때문에 많은 아픔을 경험한다. 부모의 가슴에는 자녀를 향한 애증이 쌓인다. 그것을 하나님 앞에 나아와 고백할 수 있는 정기 기도 모임을 마련하는 것이 좋다. 보통 지역교회에서 일주일에 한 번씩 부모 기도 모임을 진행한다. '부모 기도 모임', '자녀를 위한 기도회', '다음세대를 품는 기도회' 등 다양한 이름으로 모임을 갖는다. 모임은 찬양, 말씀, 기도회 등의 순서로 진행된다. 기도회는 대개 뜨겁다. 눈물바다(?)라고 해도 과언이 아니다. 부모는 자신의 마음을 하나님과 공동체 앞에 쏟아 놓으면서 위로와 격려를 받고 좀 더 버틸 힘을 얻는다. 기도하는 부모는 하나님의 눈으로 자녀를 보게 된다. 그러면 부모도 편안해지고 자녀도 숨을 쉬게 된다.

우리 교회는 1-2월과 7-8월에는 부모 기도 모임을 쉰다. 이른바 방학이다. 방학하고 몇 주 후 한 학생에게 이런 전화를 받았다. "목사님, 저 ○○인데요. 교회에서 부모 기도 모임 계속하면 안 돼요? 방학하지 말고요." "왜 그러니?"라고 물으니 아이는 대답했다. "저희 어머니가 좀 까칠하시거든요. 그런데 부모 기도 모임을 다녀오면 그래도 며칠은 온순하세요. 그런데 모임이 방학을 하니까 요즘은 매일 까칠하세요. 힘들어 죽겠어요." 부모 기도 모임을 하면 부모도 좋고 자녀도 좋다.

- **부모학교 운영**

부모 기도 모임에 참여하는 부모들은 처음에는 자녀 문제를 놓고 기도하다가 나중에는 부모의 문제를 놓고 기도한다. 자녀와의 관계 가운데 반복해서 나타나는 자신의 문제를 해결하고 싶어지는 것이다. 문제를 풀어 갈 방법을 배우고 싶어 한다. 그래서 부모학교 운영에 대한 필요를 제안한다.

우리나라에 부모학교가 다양하게 진행되고 있다. 그 흐름을 간단하게 소개하면 다음과 같다. 소통에 도움이 되는 효과적인 대화법을 익혀서 부모와 자녀 간에 건강한 관계를 설정하도록 돕는 방법, 성경적인 자녀 양육 원리를 제시하여 부모가 자녀를 어릴 때부터 바르게 양육하도록 돕는 방법, 부모가 자신의 마음을 살피고 왜곡된 부분을 회복하여 자녀를 성숙한 태도로 대할 수 있도록 돕는 방법, 부모가 자녀의 삶에 가장 많은 부분을 차지하는 학교와 공부 영역에서 하나님나라에 대한 관점을 회복하도록 돕는 방법 등이다.

부모학교를 전문가들과 전문 기관에 의뢰해서 진행하면 부모들은 자녀양육에 많은 도움을 받는다. 일상의 문제가 갖는 의미를 파악하고, 심각해 보이던 문제가 조금은 가볍게 느껴지고, 문제를 풀 실마리를 얻는다. 그럼에도 불구하고 일부 부모들이 보이는 공통된 반응이 있다. 그런 반응은 부모학교를 마치고 두 달 정도 지나면 나타난다. 그것은 자신에 대한 좌절과 자녀에 대한 분노이다. 부모들은 전문가에게 배운 것을 실천하려고 노력하지만 자신의 기질과 익숙한 습관을 넘어서기가 쉽지 않다. 두 달 정도 지나면 지친다. '내가 자녀를 위해 이것 하나도 실천하지 못하나'라는 자괴감이 든다고 한다. 그리고 '내가 이렇게까지 애쓰는데 아이는 왜 변하지 않을까?'라는 원망도 든다고 한다.

그러므로 지역교회에서 부모학교를 진행할 경우, 전문가와 전문 기관에 도움을 받는 것과 아울러 일상에서 지친 부모를 지지하는 내용을 담고 있는 부모 교육을 자체적으로 마련하여 보완하는 것도 중요하다. 이미 많은 목회자들이 자체적으로 부모학교 프로그램을 진행하고 있다. 반응이 좋은 프로그램을 보면 강의하는 사람, 진행하는 사람, 듣는 사람들이 다 쉽게 느끼며 즐거워한다. 특히 강의 내용은 현재 부모의 삶과 자녀의 혼란에 의미를 부여하고, 그들이 쉽게 시도해 볼 수 있는 것으로 채워져 있다. 앞서 소개한 '교우들에게 가족에 대한 좋은 메시지 들려주기'를 참고하면 좋겠다.

부모학교는 교회 여건에 따라서 보통 4주 내지 8주 동안 진행된다. 모임은 환영 인사, 과제물 점검, 강의 1, 소그룹(워크숍, 토의), 발표, 강의 2, 광고 및 마무리 순으로 진행된다. 강의를 듣고 자신의 경험과 생각을 나누는 과정에서 부모는 자신의 문제를 객관화하는 정서적 환기를 경험한다. 그리고 서로를 격려하고 지지하며 위로를 얻는다. 부모학교를 마칠 때에는 설문을 통해 다음 부모학교를 알차게 준비하는 데 도움을 받으면 좋다.

• **부모 독서 모임**

부모학교를 마치고 나면 부모들은 지지 모임을 필요로 한다. 반복되는 일상과 갑작스런 문제들로부터 받는 스트레스를 그냥 덮어둘 게 아니라 지지 모임을 통해 해소할 수 있다고 판단하는 것이다. 부모학교 소그룹 모임에서 그 효과를 충분히 경험했기 때문이다. 이에 부모학교 소그룹 리더를 중심으로 부모 독서 모임을 만들 수 있다. 부모, 자녀, 가족에 관한 좋은 책을 함께 읽고 토의하는 모임이다. 모임 중에 책에서 읽은 좋은 내용을 나누면서 자연스럽게 가정 문제와 자신의 고민을 나누게 된다.

독서 모임은 월 1회로 모이고, 인원은 7-8명으로 하는 것이 좋다. 모임 순서는 다과를 곁들인 환영과 인사, 축복의 찬양, 내용 요약 발표(맡은 사람), 각자 느낀 것을 나누며 자연스럽게 토의하기, 기도 제목 나누기, 합심 기도 등의 순서로 진행한다. 모임을 인도하는 조장과 모임 시간 및 읽어 올 책을 다시 한 번 공지해 주는 총무 등 섬기는 사람들을 세우는 것이 좋다.

- **가족 상담실 운영**

개인 문제를 쉽게 나눌 수 있는 상담실을 운영하자. 사실 상담은 이미 교회 안에서 다양한 방법으로 이루어지고 있다. 상담이 필요한 사람은 목회자나 신앙의 선배, 가까운 교우에게 자신의 고민을 나누고 도움을 받는다. 중·대형 교회에서는 전문 상담 요원을 두고 상담실을 운영할 수도 있겠으나 작은 교회나 개척 교회에서는 여건상 그렇게 하기가 어렵다. 대안으로 우선 검증된 온라인 가족 상담실 홈페이지를 이용하도록 해보자. 교우들이 그곳에 들러서 자신과 비슷한 문제를 갖고 있는 사람들의 상담 내용을 읽으면서 간접적인 상담 효과를 누릴 수 있다. 다음은 가족 상담함을 만들자. 교회 구석에 우체통 같은 상자를 마련하고 문제를 기록해서 넣도록 한다. 목회자는 그 편지를 읽고 자신이 답할 수 있는 경우에는 답장을 쓰고, 그렇지 못할 경우에는 전문가에게 의뢰한다.

- **외부 전문 기관에 위임**

현대 그리스도인들이 정서적 혼란 때문에 상담실이나 정신과에 방문하는 경우가 늘어나고 있다. 한 어머니가 우리 사무실에 방문하셨다. 결혼을 하게 된 동기, 결혼 생활을 하면서 겪은 어려운 일, 자녀가 성장하면서 나타나는 고충들을 고백했다. 어머니의 말에 의하면 자녀는 더 이상 사회생활을 할 수 없는 상황이었다. 지면에 자세히 옮길 수는 없지만 상황이 그리 좋지 않았다. 사실 어려움에 처한 청소년과 청년들이 많이 있다. 부모들이 부끄러워한 나머지 숨기고 있어 드러나지 않을 뿐이다. 그 어머니에게 나는 말했다. "댁의 자녀는 문제가 없습니다. 저 역시 댁의 자녀와 같은 모습과 태도를 보이는 걸요. 댁의 자녀는 고통스럽겠지만 지금도 성장하고 있습니다." 그 어머니는 대답했다. "목사님, 여태 수많은 전문가들을 만났지만 제 아이가 성장하고 있다는 이야기는 처음 들었어요. 저희 가정 이야기를 하면 목회자는 더 기도하라고 하고, 의사는 약을 더 먹으라고 하고, 상담자는 더 깊은 것을 고백하라고 하더군요. 이제는 지쳤어요. 쉬고 싶어요." 목회자는 내담자를 전문가에게 위탁해야 할 때, 전문가를 신중하게 선별해야 한다.

- **가족 캠프 운영**

교회에서 신앙 훈련을 잘 받은 자녀의 부모가 찾아왔다. 그 집사님은 성실하게 신앙 생활을 하고 삶이 아름다운 분이시다. 자녀 양육에도 관심이 많고 부모학교도 수료하셨다. 그런데 이렇게 말씀하셨다. "목사님, 아이나 저나 둘 다 훈련받았는데 함께 있으면 뭘 해야 할지 모르겠어요." 그렇다. 현대 사회가 워낙 바쁘다 보니 부모와 자녀가 함께하는 경험이 줄어들면서 한 공간에 있을 때 무엇을 해야 할지 모르는 현상이 나타나고 있다. 교회는 부모와 자녀 그리고 가능하다면 조부모가 한 공간 안에서 같은 경험을 공유할 수 있는 기회를 마련해 줄 필요가 있다. 이제 주 5일 근무가 정착되고, 자녀들도 토요일에 학교를 가지 않는다. 가족이 함께 주말을 보낼 수 있는 시간이 확보되었다. 다양한 방법으로 주말 가족 캠프를 시도해 보면 좋겠다.

부모를 목회 현장의 동역자로 세우기

부모가 자녀를 교회에 보내면서 두려워하는 것이 있을까? 있다! 무한한 가능성이 있는 아이들이 하나님의 부르심에 대한 진지한 탐색과 기도를 간과한 채 분위기에 휩쓸려 감정적인 결단을 하고 목회자 혹은 선교사로 헌신할까 봐 걱정한다. 그래서 어떤 부모들은 목회자를 '내 자녀를 교회 중심의 종교인으로 키우려는 사람'으로 인식하기도 한다. 이에 교회는 교회교육이 교회 중심의 종교인을 넘어 하나님나라를 위해 쓰임받을 성숙한 시민으로서 섬기는 리더십을 발휘할, 균형 잡힌 그리스도인을 양육하는 데 목적이 있다는 사실을 부모에게 섬세하게 설명해야 한다. 즉 자녀를 향한 부모의 마음과 아이를 향한 교회의 마음이 일치한다는 사실을 받아들이도록 배려해야 한다.

이를 위해 부모를 목회 현장에 자주 초대하는 것이 좋다. 공교육에서 배울 점이 있는데, 몇 년 전부터 부모를 학교 운영에 적극적으로 참여케 하는 것이다. 어머니 운영위원회, 아버지 운영위원회, 녹색 어머니회, 점심시간 식사 도우미 등이 그 예이다. 하는 사람들만 하는 것 같지만 학교 운영에 부모의 참여가 점차 늘어나는 추세이다. 교회도 아버지회와 어머니회를 만들어 부서 운영에 부모가 참여할 수 있는 기회를 열어 놓으면 좋겠다.

• 부모 초청 예배 및 간담회

교육 부서 예배에 부모를 초대하여 부모와 자녀 그리고 교사가 함께 예배하는 기회를 가능한 많이 마련하면 좋겠다. 보통 1년에 한두 번 하는데 더 자주 해보자. 그 자리에서 부모는 목회자를 통해 자녀에게 선포하시는 하나님의 메시지를 듣게 된다. 자녀를 향한 하나님의 마음과 생각을 경청하게 된다. 가능하다면 부모가 매주 자녀들의 예배에 참석해도 좋다.

한 아버지가 사무실로 찾아오신 적이 있다. 그분은 지난 3년 동안 자녀가 속한 부서 예배를 함께했는데, 이런 이야기를 들려주셨다. "자녀가 사춘기가 되면서 갈등이 시작되었습니다. 이래도 저래도 도저히 이해할 수 없었습니다. 너무 답답해서 하나님께서 제 아이에게 뭐라고 하시는지 듣고 싶었습니다. 그래서 뒷자리에 숨어서 아이가 속한 부서에서 함께 예배를 드리게 되었습니다. 처음에는 어색했지만 이내 제 아이를 향한 하나님의 마음과 생각이 느껴지기 시작하더군요. 아이를 향한 하나님의 꿈과 계획, 지금 아이가 겪는 고통의 의미, 가족 간 갈등의 의미, 하나님께서 아이와 저를 함께 성장시키고 계신 것을 알았습니다. 하나님께서 제 아이를 통해 세상을 만지기 원하신다는 사실과 함께 저와 제 부모의 아픔도 치유하기 원하신다는 사실을 알았습니다. 그래서 제 부모님도 서울에 오실 때마다 아이의 부서 예배에 참석하셨습니다."

예배 후, 간담회 시간이 넉넉하지 않다. 이 시간을 통해 부모를 목회 현장의 동역자로 초대하는 데 집중하자. 우선 담임 목회자의 목회 철학을 자세하지만 명료하게 소개하는 것이 좋겠다. 담임 목회자가 교회와 함께 바라보는 '성숙한 그리스도인의 표상'이 무엇인지 제시하자. 이 교회에서 성장한 교우가 성인 초기가 되었을 때, 사회에 나가서 어떻게 빛과 소금의 역할을 감당하기를 기대하는지, 자신이 속한 공동체의 변화를 위해 섬김의 리더십을 어떻게 발휘하기를 기대하는지 분명히 설명한다.

그리고 성숙한 그리스도인으로 성장하는 과정에서 거쳐야 하는 해당 부서가 바라보는 성숙한 기독 청년, 청소년, 어린이, 유아의 표상을 제시한다. 이어서 성숙한 자녀로 세우기 위해 필요한 교육 내용, 교육 환경, 교육 방법이 무엇인지 설명하고, 해당 부서에서 그것을 충족시키기 위해 연구하고 마련한 목회 활동을 설명한다. 목회 현장에 부모를 초대하는 것이다. 담임 목회자의 목회 철학, 해당 부서의 목회 방향, 방침과 방법, 부모의 참여 권면 등을 담은 자료를 준비하면 좋다.

- **가정 자료 발송**

가정에 보내는 가정통신문을 좀 더 발전적으로 활용해 보자. 가정에 보내는 자료에는 성인 초기가 되어 성숙한 그리스도인으로서 섬김의 리더십을 발휘하기 위해 지금 자녀들이 들어야 할 메시지, 그 메시지가 담긴 설교 주제와 본문, 주제와 관련해 읽고 묵상하면 유용할 성경 묵상 본문 그리고 그 주제를 환기하는 데 도움이 될 만한 도서, 공연, 영화, 전시회 자료 등을 담는다. 격월 혹은 분기별로 가정에 보내는 자료를 통해 자녀들은 하늘의 메시지를 교회뿐만 아니라 집에서도 경청하게 된다. 부모는 자연스럽게 자녀의 신앙을 성장시키는 주체로서의 역할을 회복하게 된다.

자녀가 주일에 듣는 설교 주제와 관련된 묵상 본문을 부모가 함께 묵상하게 된다면, 토요일 저녁 식사 후에 일주일간 묵상한 본문 중에서 한 가지씩 나누는 작은 모임을 집에서 가질 수 있다. 관련된 공연과 영화를 보거나 책을 읽은 후, 차를 마시면서 이것저것 생각나는 것들을 나누며 신앙에 관한 이야기를 자연스럽게 나누는 것도 좋다.

한꺼번에 다 잘할 수는 없다. 지금, 여기서, 내가, 쉽게 그리고 계속해서 할 수 있는 일을 찾아보고 시작하면 된다. 모든 일을 한꺼번에 잘하려다가 상처를 입고 무력하게 주저앉아 있던 사람이 다시 일어나 첫 걸음을 뗄 때, '주저앉음'이 '첫 걸음의 동력'이라는 사실을 경험하면서 아픔에게 고마워하고 자신의 과거에 의미를 부여하는 것이 바로 힐링이다.

2. 학교와 함께 다음세대를 섬기는
교회교육의 가능성

- 신뢰 회복을 바라며 학교를 바라보는 교회의 관점 정리 -

   교회는 학교와 좋은 관계를 맺어야 한다. 교회가 학교를 정중하게 대하는 데 도움이 되는 관점이 있다. 그것은 학교를 한 국가로 이해하는 것이다. 교장 선생님을 대통령으로, 교감 선생님을 총리로, 교무주임을 외무부 장관으로, 기독 교사를 현지 선교사로 이해하면 된다.

   우리가 외국에 합법적으로 방문하는 방법은 두 가지가 있다. 이민과 여행이다. 이민이든 여행이든 정해진 절차를 밟게 되어 있다. 학교 안에 정기 모임을 만드는 것을 '이민'으로, 학교를 방문하여 아이들을 만나는 것을 '여행'으로 여기면 된다. 학교 운동장에서 잠시 아이들을 만나는 것, 학교 앞 분식점에서 함께 식사를 하는 것은 가볍게 시도할 수 있는 일이다. 하지만 학교 안에 정기 모임을 만들고자 한다면 학교장의 허가와 실무자들의 도움이 필요하다. 교회는 정해진 절차를 밟아서 순리대로 진행하면 된다. 이때 현지 선교사와 같은 기독 교사의 도움을 받을 수 있다.

좋은 기독 교사를 만나기 위해서는 우선, 교회 중고등부의 청소년들이 출석하는 학교를 파악한다. 많은 학교들이 있을 것이다. 그중에서 교회 청소년들이 가장 많이 다니는 학교를 선정한다. 그리고 해당 학교에 출석하는 교회 청소년을 통해 학교 안에서 이루어지는 기독 활동(기독 교사 모임, 기독 동아리 혹은 CA 활동)에 대한 정보를 듣는다. 그 활동을 담당하는 기독 교사와의 만남을 시도한다. 이런 과정을 통해 사역자는 열정적이면서도 지혜롭고 인격적이며 학생들에게 존경받는 기독 교사를 만날 수 있다. 존경받지 못하는 기독 교사의 활동은 오히려 전도에 걸림돌이 되는 경우가 많다.

둘째, 교우 중에서 학교 교사의 도움을 받는다. 학생을 통한 연결이 어려울 경우에는 교우 중에서 학교 교사를 찾아본다. 그 교사를 통해 교회 인근 학교의 동료 교사나 연락 가능한 교사가 있는지 알아본다. 그 교사를 통해 학교 안에서 기독 활동의 책임을 맡고 있는 교사와 만날 수 있다.

셋째, 기독 교사 단체의 도움을 받을 수 있다. 교회에 학교 교사도 없을 때에는 '좋은교사운동'이나 'NECTAR 교사 모임'과 같은 학원 선교 관련의 건강한 단체에 도움을 요청할 수 있다. 역사와 규모가 있는 단체들은 각 지역별로 지부가 결성되어 있다. 그 모임의 회원 교사들을 통해 지역 학교의 교사들과 대부분 연락이 가능하기 때문에 학교와 관계를 맺고자 하는 사역자는 큰 도움을 받을 수 있다.

학교와 관계 맺는 구체적인 방법

어느 기독 교사는 이런 말을 했다. "교회가 특별한 일 없이도 학교에 좀 찾아오면 좋겠어요. 저희 학교가 작년에 개교했습니다. 그래서 여기 저기서 축하 화환이 왔거든요. 그런데 학교 근처에 교회가 그렇게도 많은데 한 분도 안 오셨어요." 그는 무척이나 아쉬움을 표현했다. 자주 보면 없던 정도 생긴다는데 교회가 인근의 학교에 자주 찾아가고, 그로 인해 서로 좋은 관계를 맺을 수 있다면 좋겠다.

- **스승의 날을 기념하라**

5월 15일은 스승의 날이다. 이날은 교사에게 공식적으로 감사를 표현할 수 있는 날이다. 교회에서도 이 주간에 청소년들이 교회학교 교사에게 감사를 표현하는 행사를 마련한다. 그러한 관심을 학교로 돌려 교회와 청소년들이 학교 교사에게 감사를 표현하는 기회를 마련해 보자. 예를 들어, 인근 학교 교사들에게 작은 선물과 카드를 보내는 것이다. 선물로는 음료수 한 병도 좋고, 읽을 만한 책을 준비해도 좋다. 카드 내용은 "우리 아이들의 교육을 위해 헌신적으로 애쓰시는 선생님께 감사합니다. 선생님의 건강과 평안을 위해 기도하고 있습니다"로 하면 적당하겠다. 교회가 스승의 날 기념 카드를 제작하는 것도 좋다. 자원하는 청소년들이 자신의 담임 교사에게 감사의 마음을 담은 카드를 써서 드리도록 하는 것이다.

- **학교 생일을 축하하라**

학교 생일인 개교기념일이 언제인지 교회에 출석하는 청소년을 통해 파악할 수 있다. 학교에 직접 전화를 걸어 물어봐도 된다. 개교기념일을 그냥 지나치지 말고 일종의 생일 축하 파티를 기획하고 실행해 보자. 학교장 앞으로 소박한 화환을 보내거나, 교탁마다 화사한 꽃을 갖다 놓거나, 등교하는 학생들에게 학교 생일을 축하하는 의미의 작은 선물을 나누어 줄 수 있다. 이때 학교장 앞으로 미리 협조 공문을 보내는 것을 잊지 말자. 인근 교회와 연합하는 방식으로 경제적 부담을 더는 방법도 생각해 볼 수 있다. 개교기념일은 학교가 쉬는 날이므로 행사는 전날 진행해야 한다. 연락하는 기독 교사가 있으면 큰 도움이 될 것이다.

• **교장 선생님과 친해져라**

언젠가 스승의 날 즈음에 교회 근처에 위치한 학교의 교장 선생님들을 몇 분 만났다. 교회에 출석하는 전·현직 교사들의 소개로 이루어진 만남이었다. 교장 선생님들은 우리를 기쁘게 맞아 주셨다. 어느 분과는 따스한 차 한 잔과 함께 이야기를 나누었고, 다른 분과는 맛있는 식사와 함께 즐거운 대화를 했다. 교장 선생님들은 자신의 교육 철학과 교육 방법론에 대해 진지하게 말씀하셨다. 지역 청소년들의 행복하고 바른 삶을 위해 애쓰는 그분들의 진지한 삶에 고개가 숙여졌다. 교장 선생님들과 대화하면서 다음 두 가지 생각이 들었다. 먼저는, 지역사회를 위해 학교와 교회가 마음과 생각을 나누며 함께 할 일이 많다는 것이다. 다음으로는, 교회가 마음을 낮추고 학교의 진지한 노력을 재평가해야 한다는 것이다.

- **성경적 관점으로 학교를 보는 교육을 하라**

언젠가 만난 한 고등학교 기독 교사는 내게 이런 말을 했다. "교회에서 청소년들에게 학교를 어떤 자세로 보아야 하는지 성경적으로 훈련시켜 주시면 좋겠어요. 기독 청소년들이 생각 없이 학교를 다니면 믿지 않는 아이들에게 휩쓸리기 쉽거든요. 교회에 출석하는 몇몇 아이들과 함께 학원 복음화를 위해 뭘 좀 해보려고 해도 잘 안 됩니다. 아이들이 그리스도인으로서 학교에 선한 영향력을 흘려보내야 한다는 생각이 전혀 없어요."

  목회자는 청소년의 신앙과 삶을 바로 세우기를 원한다. 그래서 매주 온 힘을 다해 준비한 설교를 선포한다. 그런데 목회자들은 청소년들이 가장 많은 시간을 보내는 학교생활에 얼마나 관심을 가지고 설교하고 있는가? 기독 청소년은 학교를 어떻게 보아야 하는가? 기독 교사를 어떻게 대해야 하는가? 공부를 어떻게 해야 하는가? 친구들과는 어떻게 관계할 것인가?

그냥 학교(학원) 앞에 찾아가 서 있어 보기

- **하이 스쿨(Hi School) 운동**

목회자가 등교 시간에 교문 앞에서 등교하는 자기 교회 청소년들에게 기분 좋게 인사하는 것이다. "안녕, 공부 열심히 해. 주일에 보자!"라고 말한다. 교회 청소년들은 학교 앞에서 목회자를 만나면 무척 당황한다. 거기에는 몇 가지 이유가 있다. 첫째, 목회자가 아침에 학교에 찾아올 것이라고 전혀 생각지 못했기 때문일 것이다. 둘째, 교회를 잊고 생활하던 학교 현장에서 갑자기 목회자를 보니 신앙 생각이 났기 때문일 것이다. 셋째, 교사나 친구들에게 자신이 교회에 다닌다는 사실이 공개되는 것이 불편했기 때문일 것이다. 이것은 그만큼 교회에 다니는 우리 청소년들이 학교에서 신앙과 동떨어진 생활을 하고 있음을 반증한다.

하지만 몇 주가 지나면 점차 반가운 표정으로 인사를 한다. 그리고 함께 등교하는 친구들에게 목회자를 소개한다. "우리 교회 목사님이야." "오호, 교회 사람이구만." 아이들의 생활 속에 그리고 대화 속에 교회와 목회자가 끼어드는 순간이다. 일주일에 한 번씩 방문하는 하이스쿨 운동을 3주째 하던 날, 한 여학생이 인사를 하며 이렇게 말했다. "어머 목사님, 진짜 매주 오시네요." 나는 그 말을 "어머 목사님, 저희 생활에 관심이 좀 있으시네요"라고 들었다. 그렇게 관계를 맺기 시작하면, 그 위로 신뢰감이 쌓여 간다.

• **학교(학원) 심방**

목회자가 아이들과 약속을 한 다음에 교사와 함께 간식을 준비해서 점심시간에 학교에 방문한다. 아이들이 거하는 삶의 자리, 가장 많은 시간을 보내는 장소, 지루한 일상이지만 하나님께서 주신 꿈을 품고 버티는 자리에 함께 머무는 순간 자체가 감격이다. 물론 때로는 바람을 맞을 때도 있다. 목회자와 교사를 초대하고서는 막상 친구들 앞에서 자신의 정체를 드러내는 것이 부끄러웠는지, 망가지고 무너지기를 반복하는 그곳에서 좋은 분들을 만나는 것이 어색해서였는지 모른다. 종종 학교 앞에 갔다가 그냥 돌아올 때도 있다. 그럴 때는 더욱 기도하게 된다. 그리고 아무렇지 않은 듯 주일에 교회에서 아이들과 인사를 나눈다. 다음에 또 약속을 하고 찾아가면 된다.

  늦은 밤, 간식을 준비해서 학원 앞으로 간다. 잠깐이지만 아이들이 가장 지쳐 있는 시간에 함께할 수 있어 좋다. 몰려나오는 아이들 틈에서 우리 아이들을 만난다. 분위기가 좋아 친구들과 어울려 야식을 먹으면 최고이다. 마중 나온 부모님과 인사할 때면 '우리가 함께 이 아이를 키우고 있다'는 좋은 착각(?)도 든다. 버스 정류장까지 함께 걸으며 잠시 나누는 대화도 깊다.

3. 숲속샘터교회의 성숙한 그리스도인의 표상
- 주님과 동행하며 지속적으로 자기답게 온전함을 추구하는 사람들 -

성숙한 그리스도인의 표상이 의미하는 바를 존재와 역할로 구분하여 설명했다. 또 존재와 역할을 각각 5가지 영역으로 구분하여 자세한 설명을 덧붙이고, 각각의 설명을 첨부했다. 그리고 그 정의에 따라 살기 위해 다루어야 할 교육 및 훈련 내용의 항목을 제시했다.

숲속샘터교회는 다음의 표에서 제시한 표상에 따라 유아, 어린이, 청소년, 청년 그리고 성인에게 각각의 표상과 정의와 항목을 제시하고 있다.

존재 영역	표상	정의	항목
영적	주님을 사랑하는 삶	하나님을 날마다 더 사랑하게 되는 생활	예배, 기도, 말씀, 증거
지적	주님의 뜻을 아는 삶	만물과 사회와 경험 안에서 하나님의 뜻을 아는 생활	학습, 독서, 정보, 취미
정서적	자신을 사랑하는 삶	자기 자신을 이해하고 수용하는 생활	은사, 기질, 휴식, 여행
사회적	사람을 사랑하는 삶	다른 사람을 이해하고 수용하는 생활	가족, 친구, 이웃, 이방인
신체적	일상을 사랑하는 삶	균형 있는 성장을 위해 질서를 세우는 생활	건강, 시간, 재정, 에너지

역할 영역	표상	정의	항목
가정	신앙이 자라나는 자리	자녀의 신앙 성장을 위해 부모가 신앙의 본이 되는 자리	부모, 자녀, 동거, 소통
일터	소명에 응답하는 자리	하나님의 다스리심이 드러나도록 최선을 다하는 자리	소명, 직업, 역량, 공헌
교회	예배가 깊어지는 자리	하나님의 자녀들이 함께 모여 진심으로 예배하는 자리	교회, 예배, 직분, 사역
이웃	섬김을 실현하는 자리	지역 주민들이 하나님의 사랑을 체험하도록 돕는 자리	공동체, 관계, 섬김, 정치
세상	고백이 확장되는 자리	세상 사람들이 하나님의 주권을 인정하도록 돕는 자리	선교, 정부, NGO, 기업